www.ingramcontent.com/pod-product-compliance
Lightning Source LLC
LaVergne TN
LVHW010836051026
849532LV00007B/2720
* 9 7 8 9 3 6 9 0 8 1 8 9 9 *

کاغذ کا تماشہ

(مزاحیہ کالم)

مجتبیٰ حسین

Kaghaz ka Tamasha *(Humorous Columns)*

by: Mujtaba Hussain

Edition: December '2025

Publisher :

Taemeer Publications LLC (Michigan, USA / Hyderabad, India)

ISBN 978-93-6908-189-9

کتاب	:	**کاغذ کا تماشہ** (مزاحیہ کالم)
مصنف	:	**مجتبیٰ حسین**
پروف ریڈنگ / تدوین	:	مکرم نیاز
صنف	:	طنز و مزاح
ناشر	:	تعمیر پبلی کیشنز (حیدرآباد، انڈیا)
سالِ اشاعت	:	۲۰۲۵ء
صفحات	:	۹۸
سرورق ڈیزائن	:	تعمیر ویب ڈیزائن

فہرست

ابتدائیہ

اردو ادب کے آسمان پر مجتبیٰ حسین کا نام ایک ایسے روشن ستارے کی مانند جگمگاتا ہے جس کی چمک صرف ہنسی اور شگفتگی تک محدود نہیں بلکہ اس میں فکر، بصیرت اور سماجی شعور کی گہرائی بھی شامل ہے۔ ان کا قلم محض قہقہوں کا سامان فراہم نہیں کرتا بلکہ معاشرتی ناہمواریوں، انسانی نفسیات کی گہرائیوں اور زندگی کے تضادات پر ایسی لطیف چوٹ کرتا ہے کہ قاری مسکراتے ہوئے اپنے ارد گرد کے ماحول اور خود اپنی ذات پر غور کرنے پر مجبور ہو جاتا ہے۔ مجتبیٰ حسین کا مزاح محض سطحی نہیں بلکہ تہہ دار ہوتا تھا، جہاں وہ عام آدمی کے روزمرہ کے مسائل، اس کی چھوٹی چھوٹی خوشیوں اور گہری محرومیوں کو اس طرح بیان کرتے تھے کہ ہنستے ہنستے آنکھوں میں نمی محسوس کرنے لگتا تھا۔ ان کی ایک خاصیت یہ بھی تھی کہ وہ خود کو اپنے مزاح کا نشانہ بنانے سے بھی نہیں کتراتے تھے، جس سے ان کے طنز میں مزید گہرائی اور اثر آفرینی پیدا ہو جاتی تھی۔ ان کا اسلوب سادہ، سلیس اور ہر خاص و عام کی سمجھ میں آنے والا ہوتا تھا، مگر الفاظ کا چناؤ اور جملوں کی ساخت ایسی ہوتی کہ عام سی بات بھی ایک فکری جہت اختیار کر لی لیتی۔ وہ اپنے قاری کو

اپنا ہم سفر بنا کر چلتے تھے، زندگی کی کٹھنائیوں پر ہنسنے، انہیں قبول کرنے اور ان سے سبق سیکھنے کا ہنر سکھاتے تھے۔ ان کے مزاح میں زندگی کی تلخ حقیقتیں شیریں انداز میں پیش کی جاتی تھیں، جس سے قاری نہ صرف محظوظ ہوتا بلکہ سماج کے مختلف پہلوؤں کو ایک نئے زاویے سے دیکھنے لگتا تھا۔ ان کی ہر تحریر معاشرے کے نبض پر ان کے گہرے فہم کی عکاس تھی، جو آج بھی اتنی ہی تر و تازہ اور بر محل محسوس ہوتی ہے۔ ان کی ذہانت، شگفتگی اور مشاہدے کی گہرائی انہیں اردو ادب کے ممتاز مزاح نگاروں کی صف میں ایک نمایاں مقام عطا کرتی ہے۔ وہ محض واقعات نگار نہیں تھے بلکہ ان واقعات کے پس پردہ موجود انسانی رویوں اور سماجی ڈھانچے کی کمزوریوں پر نہایت لطیف پیرائے میں روشنی ڈالتے تھے، جس سے قاری کو خود اپنی ذات کے اندر جھانکنے کا موقع ملتا۔ اور ان تمام ادبی کرتبوں کا حسین مجموعہ یہی کتاب ہے جو اس وقت آپ کے ہاتھوں میں ہے۔

زیر نظر کتاب "کاغذ کا تماشہ" اسی عظیم مزاح نگار مجتبیٰ حسین کے گیارہ منتخب مزاحیہ مضامین کا ایک لاجواب مجموعہ ہے، جو ان کے شگفتہ اسلوب، گہرے مشاہدے اور سماجی شعور کا عکاس ہے۔

"مشاعروں کو کیا ہو گیا ہے؟" میں مصنف اردو مشاعروں کے گرتے ہوئے معیار، شعرا کی سستی شہرت طلبی اور سامعین کے بدلتے رویوں پر گہرا طنز کرتے ہیں۔ یہ کالم مشاعرے کو "مشجرے" میں تبدیل ہوتے دیکھ کر اس کی روایتی شائستگی پر نوحہ کناں ہے۔

"باتیں کتابوں کی" میں مصنف انگریزی اور اردو ادبی پبلشنگ کے کاروبار کا موازنہ کرتے ہوئے نئے ادیبوں کے لیے "فلیپ نگاری" اور "توصیفی کلمات" کی حقیقت بیان

کرتے ہیں۔ یہ مضمون ادبی دنیا میں تشہیر اور ادیبوں کی مالی حالت پر چوٹ کرتا ہے۔

"انجمن تلفّظِ اردو کا فوری قیام نہایت ضروری" میں ٹی وی چینلوں پر اردو الفاظ کے غلط تلفظ اور اس سے پیدا ہونے والی لسانی بگاڑ پر مزاحیہ انداز میں تشویش کا اظہار کیا گیا ہے۔ مصنف اردو معاشرے کی اس حوالے سے بے حسی پر طنز کرتے ہوئے باقر مہدی اور عزیز قیسی کے واقعات کے ذریعے حساسیت کو یاد دلاتے ہیں۔

"تجھے اے جنوری ہم دور سے پہچان لیتے ہیں" میں مصنف جنوری کے مہینے سے اپنے "خوف" کو بیان کرتے ہیں جو ان کی شادی کی سالگرہ اور اولاد کی تاریخ پیدائش سے جڑا ہے۔ نئے سال کی مبارکباد کے مزاحیہ واقعات اور لوگوں کے نئے ارادوں کی حقیقت پر طنز، جنوری کے مہینے کو ایک منفرد تناظر دیتا ہے۔

"ہم اٹھاون برس سے شادی شدہ ہیں" میں اپنی طویل ازدواجی زندگی کا نکاح نامے کے ذریعے مزاحیہ تجزیہ کیا گیا ہے۔ مصنف اپنی اہلیہ کے ساتھ شادی کے ابتدائی برسوں کی جدوجہد، مہر کی رقم کی تلاش اور ان کے چچا کی جانب سے "راہِ راست" پر لانے کے لیے کی گئی شادی کا دلچسپ احوال بیان کرتے ہیں۔

"سوئس بینک میں کھاتہ ہمارا" میں مصنف ایک خوشگوار جھوٹ کے ذریعے اپنی بیوی کو ملنے والی خوشی اور اس کے نتیجے میں معاشرے میں بدلتے رویوں کو مزاحیہ انداز میں بیان کرتے ہیں۔ یہ کالم سوئس بینکوں میں جمع کرائے گئے پیسے کی اہمیت اور اس سے جڑی مضحکہ خیز غلط فہمیوں پر طنز کرتا ہے۔

"ہمارے گھر پر چھاپہ" ایک خواب کی صورت میں انکم ٹیکس کے چھاپے اور اس سے جڑی توقعات کا مزاحیہ بیان ہے۔ مصنف اپنے گھر پر چھاپے کو ایک اعزاز سمجھتے ہیں اور اپنے ٹوٹے ہوئے ورثے میں ملی گھڑی کی قیمت پر اہلکاروں سے مزاحیہ بحث کرتے ہیں۔

"معاملہ ہنسنے ہنسانے کا" میں ہنسی کی اہمیت اور اس کے صحت پر اثرات کا نفسیاتی و سماجی تجزیہ پیش کیا گیا ہے۔ مصنف مزاحیہ انداز میں اس بات کو واضح کرتے ہیں کہ ہر ہنسی دل کو تقویت نہیں پہنچاتی اور ایک مزاح نگار کے درد اور المیے کو کوئی نہیں پہچانتا۔

"اندھے شیر کو عینک کون پہنائے گا؟" میں انسانوں کے ڈاکٹروں کا جانوروں کا علاج کرنے پر مزاحیہ تبصرہ کیا گیا ہے۔ مصنف شیر کی بینائی کی جانچ، گدھے کی بائی پاس سرجری اور انسانوں سے زیادہ جانوروں میں انسانیت کی موجودگی پر گہرا طنز کرتے ہیں۔

"آداب علالت: پرسی سے پرسوں تک" میں مصنف علالت کے آداب، مریضوں کی جانب سے مزاج پرسی کرانے کے لیے اختیار کردہ حربوں اور مزاح نگار کی مزاج پرسی کی حقیقت پر مزاحیہ گفتگو کرتے ہیں۔ یہ کالم بیماری کو بھی ایک سماجی فریضہ سمجھنے والے لوگوں کے رویوں کو عکاسی کرتا ہے۔

"سچا مذاق، جھوٹی زندگی" میں مصنف اپنے پرانے طنزیہ خاکوں کے "سچ" ثابت ہونے پر حیرت کا اظہار کرتے ہیں، خاص طور پر فسادات کے موضوع پر۔ ملاوٹ، رشوت ستانی اور اخلاقی گراوٹ پر طنز کرتے ہوئے، یہ کالم سماج کے بدلتے اقدار اور "سچے مذاق" کی تلخ حقیقتوں کو بے نقاب کرتا ہے۔

یہ گیارہ مضامین مجتبیٰ حسین کی مشاہدے کی گہرائی، ظرافت کی چاشنی اور ادبی و سماجی حقیقتوں پر ان کی بے باک رائے زنی کا ثبوت ہیں۔ یہ کتاب قاری کو ادب، سماج اور خود اپنے وجود پر ہنسی ہنسی میں غور کرنے کا موقع فراہم کرتی ہے۔

۱

مشاعروں کو کیا ہو گیا ہے؟

اُردو ادب اور اُردو تہذیب کے ایک بہی خواہ قاری ایم ایس خان کا ایک درد بھرا مراسلہ پچھلے دِنوں 'سیاست' میں ہماری نظر سے گزرا ہے جس میں مراسلہ نگار نے کہا ہے کہ وہ خاصے طویل عرصے سے حیدرآباد کی ادبی محفلوں اور مشاعروں وغیرہ میں بحیثیت سامع شرکت کرتے آئے ہیں۔ ان کا کہنا ہے کہ سامعین ان محفلوں میں اپنی ضروری مصروفیات اور مشاغل کو بالائے طاق رکھتے ہوئے محض اپنے ادبی ذوق کی تسکین اور اپنی پیاری زبان اُردو کی ترقی اور بقاء کی خاطر ٹکٹ خرید کر دور دراز سے ان مشاعروں میں شرکت کرتے ہیں۔ لیکن بعض شعراء سستی شہرت کی خاطر مختلف النوع سامعین کی موجودگی کا لحاظ کیے بغیر انتہائی واہیات، ناقابلِ سماعت، گھٹیا بلکہ 'بُلو' اشعار سناتے ہیں۔ یہ بات اُردو تہذیب کے سراسر خلاف ہے۔ انھوں نے یہ بھی کہا ہے کہ طنز و مزاح کے شعرا تو اس معاملے میں اور بھی بے باک اور ڈھیٹ واقع ہوئے ہیں اور طنز و مزاح کی آڑ میں ایسی باتیں کہہ جاتے ہیں جو بیہودہ اور فحش ہوتی ہیں۔

مراسلہ نگار کے اس درد میں ہم بھی برابر کے شریک ہیں اور ہمارے پُرانے قارئین جانتے ہیں کہ اس درد کا اظہار ہم نے جا و بے جا اتنی مرتبہ کیا ہے اور اتنی شدت سے کیا ہے کہ اب تو ہمیں یہ 'دَردِ لادَوا' نظر آنے لگا ہے۔ جب ہمیں یہ احساس ہونے لگا کہ اُردو معاشرہ اس درد کو ہنسی خوشی برداشت کرنے لگا ہے اور کسی کو اس دَرد کی پروا نہیں ہے تو ہم نے بھی خاموشی اختیار کرلی۔ مشاعرہ ہماری تہذیب کی ایک روشن علامت رہا ہے اور ہمارا شمار ان چند خوش نصیبوں میں ہوتا ہے جنھوں نے ایسے مشاعروں میں شرکت کی ہے جو صحیح معنوں میں مشاعرے کہلائے جاتے تھے۔ ہم نے جوشؔ ملیح آبادی، امجدؔ حیدرآبادی، جگرؔ مرادآبادی، فراقؔ گورکھپوری، حفیظؔ جالندھری، فیض احمد فیضؔ، مخدوم محی الدین، ساحرؔ لدھیانوی، مجروحؔ سلطانپوری، جاں نثار اخترؔ، سردارؔ جعفری اور بیسیوں نامی گرامی شعرا کو نہ صرف دیکھا ہے بلکہ انھیں مشاعروں میں بار بار سنا بھی ہے۔ بعض مشاہیرِ شعراء سے تو ہماری راہ و رسم بھی رہی ہے۔ اُردو مشاعروں کو سننے کا ہمارے پاس کم و بیش پچپن سالہ تجربہ موجود ہے۔ ہمیں سخن فہمی کا دعویٰ تو کبھی نہیں رہا۔ یہ الگ بات ہے کہ نوجوانی میں ہم مشاعروں میں ہوٹنگ، فقرے بازی اور جملے بازی وغیرہ کی غرض سے جایا کرتے تھے۔ یہ ضرور ہے کہ اس فقرے بازی میں بھی ہم نے آدابِ محفل اور تہذیب وغیرہ کا دامن کبھی اپنے ہاتھوں سے چھوٹنے نہ دیا۔ ان مشاعروں میں بسا اوقات ایسے شعر بھی سُننے کو ملتے تھے جنھیں ہم نہ صرف محفلوں میں لوگوں کو

سُنایا کرتے تھے بلکہ نہاتے وقت غسل خانے میں بھی پابندی سے گنگنایا کرتے تھے۔ پچھلے مشاعروں کی خوبی یہ ہوتی تھی کہ ان میں شاعر اپنی داد آپ وصول کر لیتا تھا۔ شاعر کو اپنے کلام کی داد وصول کرنے کے لیے نت نئے ڈرامے نہیں کرنے پڑتے تھے۔ ہم یہ کہیں تو بے جا نہ ہوگا کہ ان دنوں بیشتر شعرا اپنے اپنے شعروں پر اس طرح داد وصول کرتے ہیں جیسے بھیک مانگ رہے ہوں۔ شعر سُنانے سے پہلے کہا جاتا ہے کہ اگر آپ نے اس شعر پر داد نہ دی تو میرا دل ٹوٹ جائے گا۔ اللہ کے نام پر اس شعر کو داد سے ضرور نوازیے۔ اللہ آپ کا بھلا کرے گا۔ آپ کے بال بچوں کو اچھا رکھے گا اور دنیا کی ساری نعمتوں سے نوازے گا۔ پچھلے مشاعروں میں داد سامعین کے دلوں سے نکلتی تھی اب چونّی اور اَٹھنّی کی صورت میں جیب سے نکلتی ہوئی محسوس ہوتی ہے۔ اس زمانے کے شاعروں کی ایک اَنا ہوتی تھی بلکہ داد دینے والے بھی نہایت خود دار ہوا کرتے تھے۔ ہم نے پچھلے سامعین کو کسی گھٹیا اور خلاف تہذیب شعر پر داد دیتے ہوئے نہیں دیکھا۔

اصل قصہ یہ ہے کہ اُردو کی زوال آمادگی کے باعث مشاعروں کی روایت بھی ملیا میٹ ہو گئی ہے۔ الیکٹرانک میڈیا کے فروغ کی وجہ سے مشاعرہ اب صرف تفریح کا ایک ذریعہ بن گیا ہے۔ مراسلہ نگار نے لکھا ہے کہ بیشتر شعرا سستی شہرت کی خاطر فحش اور بیہودہ شعر کہنے لگے ہیں۔ آپ تو جانتے ہیں کہ زمانہ مہنگائی کا ہے جس میں انسان کے سوائے ہمیں تو کوئی چیز سستی نظر نہیں آتی۔ جو چیز سستی مل

جائے اسے ہر کوئی حاصل کرنا چاہتا ہے۔ چنانچہ شہرت کا بھی یہی معاملہ ہے۔ پچھلے زمانے کے شعرا برسوں مشقِ سخن کرتے تھے تب کہیں جاکر ان پر شہرت کے دروازے واہوا کرتے تھے۔ اب ذو معنی الفاظ کے استعمال، اُچھل کود اور بے جاتک بندی کے ذریعے اس چیز کو حاصل کرنے کی کوشش کی جاتی ہے جسے شہرت کہتے ہیں۔ آپ یقین کریں کہ ہمارے ہاں مشاعروں کے بعض مقبول شعراایسے بھی ہیں جن کے پاس پانچ دس غزلوں اور چھ سات نظموں کے سوائے کچھ بھی نہیں ہے۔ ایک بار ہم نے ایک مقبول شاعر سے خواہش کی تھی کہ وہ اپنا مجموعہ کلام شائع کرائیں۔ پتہ چلا کہ ان کے کلام کا مجموعہ اتنا قلیل ہے کہ کوئی مجموعہ کلام شائع نہیں کیا جاسکتا۔ اگر یہ شائع بھی کیا جائے تو اس کی ضخامت بیس پچیس صفحات سے آگے نہیں بڑھ پائے گی۔ انھیں یہ ڈر بھی رہتا ہے کہ اگر ان کا مجموعہ کلام شائع ہو جائے تو مشاعروں میں اپنا غیر مطبوعہ کلام سنا نہیں سکیں گے۔ حالانکہ پچھلے پچیس برسوں سے وہ مشاعروں میں اسی کلام کو بار بار سنا کر اپنے حالات اور اپنی حالت کو بہتر بنا چکے ہیں۔ ہمیں خود ان کا کلام زبانی یاد ہے، یہ اور بات ہے

کہ اب تک وہ اسے غیر مطبوعہ ہی سمجھتے آئے ہیں۔ ظاہر ہے کہ یہ کلام صرف مشاعروں میں سنانے کی غرض سے لکھا گیا ہے۔ اسی لیے ہم نے بہت پہلے شاعروں کی دو قسمیں مقرر کی تھیں۔ ایک قسم مشاعروں کے شاعروں کی اور دوسری قسم شاعری کے شاعروں کی۔ شاعری کے شاعر، جو صحیح معنوں میں شاعر کہلائے جانے

کے مستحق ہیں، وہ مشاعروں میں جانے سے گریز کرتے ہیں اس لیے انھیں کوئی نہیں پوچھتا۔ ان کا قصور صرف اتنا ہے کہ وہ مشاعروں میں کلام سنانے کے کرتبوں سے واقف نہیں ہیں۔ مشاعرہ اب ایک کمرشیل چیز بن گیا ہے۔ پھر جب سے خاتون شعرا سج دھج کر مشاعروں میں شرکت کرنے لگی ہیں تب سے مشاعرے اور مُجرے کا فرق بھی ختم ہو گیا ہے۔ اسی لیے ہم نے آج کے مشاعروں کے لیے 'مُشجرے' کا نام تجویز کر رکھا ہے، جس میں مشاعرے اور مُجرے دونوں کی صفات پائی جاتی ہیں۔ ہمارے امریکی دوست پروفیسر ستیہ پال آنند نے امریکہ میں منعقدہ ایک 'مُشجرے' کا حال بیان کرتے ہوئے لکھا تھا کہ وہاں ایک مشاعرے میں ایک حسین و جمیل شاعرہ نے ناز و ادا کے ساتھ جب اپنا کلام سنانا شروع کیا تو سامعین میں بیٹھے ہوئے ایک ادب دوست نے از راہِ ادب نوازی اس کے پہلے ہی شعر پر شاعرہ کو دس امریکی ڈالر کا کرنسی نوٹ دکھایا۔ اس پر شاعرہ ڈائس سے نیچے تشریف لے آئیں اور بصدِ احترام اس کرنسی نوٹ کو حاصل کرنے کے بعد اس شعر کو دوبارہ سنانا شروع کر دیا۔ کیا اس کے بعد بھی آپ کو شک ہے کہ مشاعرہ، مُجرے میں تبدیل نہیں ہو گیا ہے، بلکہ ہمارا تو خیال ہے کہ مُجرے والیاں اتنی بے باک اور شوخ نہیں ہوتیں جتنی کہ آج کی بعض رائج الوقت شاعرات ہوتی ہیں۔ مشاعروں کے مقبول ناظم ملک زادہ منظور احمد نے ہمیں فراقؔ گورکھپوری کے حوالے سے ایک واقعہ سنایا تھا کہ ایک صاحب ایک خوش جمال دوشیزہ کو لے کر فراقؔ گورکھپوری کی خدمت میں

حاضر ہوئے

اور ملتجی ہوئے کہ وہ اس دوشیزہ کا کلام سُن لیں تا کہ اس دوشیزہ کو شاعرہ بنانے کے امکان پر غور کیا جاسکے۔ فراقؔ گورکھپوری نے بڑی توجہ کے ساتھ شاعرہ کا کلام سنا۔ پھر بڑی سنجیدگی سے کہا: "ماشاللہ اس دوشیزہ نے بہت اچھی شکل پائی ہے، ترنم بھی بہت اچھا ہے، جس کسی نے اسے غزل لکھ کر دی ہے وہ بھی بہت اچھی ہے۔ اگر یہ اپنے اخلاق کو تھوڑا سا خراب کرلے تو ہندوستان بھر کے مشاعروں میں اس کی مقبولیت کے ڈنکے بجنے لگیں گے۔" فراقؔ گورکھپوری نے جب یہ بات کہی تھی تو اُس وقت مشاعرے برِ صغیر ہند و پاک میں ہی ہوا کرتے تھے۔ اب تو خلیجی ممالک کے علاوہ امریکہ، برطانیہ اور دیگر ممالک میں بھی آئے دن مشاعرے ہونے لگے ہیں اور اس طرح کی شاعرات کو بین الاقوامی شہرت حاصل ہونے لگی ہے۔ یہی وجہ ہے کہ پچھلے آٹھ دس برسوں سے ہم نے مشاعروں میں جانا کم کردیا ہے۔ کبھی کبھار غلطی سے کسی مشاعرے میں چلے جاتے ہیں تو ایک عرصے تک کوفت میں مبتلا رہتے ہیں کہ ہم بھی کہاں چلے گئے تھے۔ ان دنوں بعض سیاسی اور سماجی موضوعات کو لے کر جس طرح کی عامیانہ اور سوقیانہ شاعری کی جانے لگی ہے اسے سُن کر اُبکائیاں سی آنے لگتی ہیں۔ ہندی کے کوی سَمیلنوں میں تو اس طرح کی شاعری اب معمول بن گئی ہے۔ اُردو مشاعروں میں بھی اب اس طرح کی سوقیانہ شاعری کا چلن عام ہونے لگا ہے۔ مشاعروں کے گرتے ہوئے معیار کے بارے میں ہم نے اتنا کچھ

لکھا ہے کہ اب مزید کچھ لکھنے کو جی نہیں چاہتا۔ ہماری بس اتنی سی گزارش ہے کہ اُردو زبان و ادب کی روایتی شائستگی اور اُردو کلچر کے اقدار کا پاس و لحاظ رکھا جائے۔ شاعری، محبت اور رواداری کا درس دیتی ہے۔ اُردو شاعری نے کبھی نفرت، کدورت، تنگ نظری وار فرقہ پرستی کو عام کرنے کی روش نہیں اپنائی۔ جگرؔ مرادآبادی بہت پہلے کہہ چکے ہیں:

ان کا جو فرض ہے وہ اہلِ سیاست جانیں
میرا پیغام محبت ہے جہاں تک پہنچے

***

۲

باتیں کتابوں کی

معروف انگریزی ہفتہ وار 'آؤٹ لُک" کے ادبی سیکشن کی ایڈیٹر شیلا ریڈی کا ایک مضمون رسالے کی تازہ اشاعت میں انگریزی کتابوں کی پبلشنگ کے کاروبار کے بارے میں شائع ہوا ہے جس میں انگریزی ادب سے متعلق کتابوں کی نکاسی اور دیگر اُمور کے علاوہ اس نکتے کو بھی اُجاگر کیا گیا ہے کہ جب ایک نیا ادیب اپنی پہلی کتاب چھپوانا چاہتا ہے تو اسے کیا کیا پاپڑ بیلنے پڑتے ہیں۔ اسی جستجو کے نتیجے میں بعض سینئر اور پختہ کار ادیبوں کو نمایاں حیثیت اور اہمیت حاصل ہو گئی ہے جن کی رائے یا سفارشی کلمات کو نئے ادیب اپنی کتاب کی کامیابی، اس کی فروخت اور ادب میں اس کے مرتبے کے تعین کی ضمانت سمجھتے ہیں۔ چنانچہ بیشتر نئے ادیب، سینئر ادیبوں جیسے خوشونت سنگھ، وی ایس نائپال، سنیل کھلنانی، امرتیا سین اور رسکن بانڈ کے تعاقب میں لگے رہتے ہیں کہ اگر ان کی کتاب کے بارے میں ان مقتدر ہستیوں کے چند کلمات خیر حاصل ہو جائیں تو شاید ان کی کتاب کی نکاسی کی راہیں خود بخود ہموار

ہو جائیں۔ ایسی تحریروں کو انگریزی میں Blurb اور اردو میں عموماً توصیفی کلمات یا فلیپ نگاری کہا جاتا ہے۔

یہ تحریریں بظاہر ناقدانہ ہوتی ہیں لیکن بباطن ان کا مقصد کتاب اور صاحب کتاب دونوں کی تشہیر کرنا ہوتا ہے تاکہ بھولے بھالے قارئین ان توصیفی کلمات کے فریب میں آکر کتاب کو خرید لیں اور بالآخر پبلیشر کی تجارتی ساکھ مستحکم ہو جائے۔ اطلاعاً عرض ہے کہ ہم شیلا ریڈی کی تحریریں ہمیشہ بڑے اشتیاق سے پڑھتے ہیں۔ اس کی بھی کئی وجوہات ہیں۔ اول تو یہ کہ انگریزی ادب پر ان کی نظر بہت گہری اور ان کی رائے بڑی معتبر ہوتی ہے۔ دوم یہ کہ حیدر آبادی ہیں۔ سوم یہ کہ دہلی میں ہماری پڑوسن ہیں۔ چہارم یہ کہ اُردو سے انہیں بڑی محبت ہے جس کا ثبوت یہ ہے کہ تین چار سال پہلے ہمارے کرم فرما خوشونت سنگھ کے کہنے پر انہوں نے ہماری معرفت جامعہ ملیہ اسلامیہ کے مراسلاتی اُردو کورس میں داخلہ لیا تھا اور بسا اوقات وہ ہم سے اُردو کے بعض ایسے الفاظ کے معنی بھی پوچھ لیا کرتی تھیں جن سے ہم خود واقف نہیں ہوتے تھے۔ اس بات سے اُردو میں ان کی بڑھتی ہوئی استعداد اور اہلیت کا اندازہ لگایا جا سکتا ہے۔

بہر حال شیلا ریڈی کے اس دلچسپ مضمون کو پڑھ کر ہمیں پتہ چلا کہ انگریزی میں بزرگوں کے توصیفی کلمات کے باعث نوجوان مصنفین کی کتابیں دھڑ ادھڑ فروخت ہو جاتی ہیں۔ ظاہر ہے کہ اس مضمون کو پڑھتے ہوئے ہمیں اپنی پیاری زبان

اُردو کا بھی خیال آگیا اور بے خیالی میں ہمارا دھیان اس زبان میں ہونے والے اشاعتی کاروبار کی طرف بھی گیا۔ پھر اس کے حوالے سے ہمیں بے ساختہ ابن انشاء کا مشہور مصرعہ "ہم ہنس دِیئے، ہم چپ رہے، منظور تھا پردہ ترا" نہ صرف یاد آگیا بلکہ ان کا ایک مضمون بھی یاد آیا، جس میں انہوں نے اسی موضوع کو لے کر بزرگ اور مستند شاعر حضرت حفیظ جالندھری سے جو شکایت کی تھی اسے ملاحظہ فرمائیں:

"ہمارے مخدوم حضرت حفیظؔ جالندھری کا ایک سرٹیفکیٹ آج کل ایک چورن کے اشتہار کے ساتھ باقاعدگی سے چھپ رہا ہے۔ یہ ایک خط ہے جو انہوں نے اس چورن کے موجد حکیم صاحب کو لکھا ہوگا کہ 'مکرمی! آپ نے جو ہاضمے کی گولیاں تیار کی ہیں، سبحان اللہ! ان سے مجھے بہت آرام ہے، براہِ کرم ایک ڈبہ ان گولیوں کا اور بھیج دیجیے'، حفیظؔ صاحب سے اگر ہمیں شکایت ہے تو یہ کہ ہم ان کے بہت قریب رہے ہیں۔ نہایت نیاز مند بلکہ فیضان کے لحاظ سے شاگردِ رشید۔ کئی بار ان سے درخواست کی کہ قبلہ ہماری شاعری کے تعلق سے کوئی سرٹیفکیٹ عنایت ہو، اسی قسم کا کہ میں نے حضرت ابن انشاء کا کلام استعمال کیا۔ اس سے مجھے بہت افاقہ ہے۔ چربی سے پاک ہے اور وٹامن سے بھرپور۔ براہِ کرم اپنے مجموعہ کلام کی دس جلدیں وی پی سے بھیج دیجیے تاکہ بیٹھا پڑھتا رہوں۔ اور استفادہ کرتا رہوں۔ اب صورتِ حال یہ ہے کہ ہماری اپنی سرکیولیشن تو خاصی ہے، جگہ جگہ مارے پھرتے ہیں لیکن اس قسم کا سرٹیفکیٹ نہ ہونے کے باعث ہماری شاعری رہی جارہی ہے۔ محض اس

وجہ سے کہ ہم شعر بناتے ہیں، چورن نہیں بناتے۔ نتیجے میں ہم حفیظ صاحب کی نظروں میں بار نہ پاسکے"۔

ابن انشاء کے اظہارِ خیال کے بعد اب ہم اُردو میں اشاعتی کاروبار کے بارے میں اپنی ناچیز رائے کا کیا اظہار کریں۔ دیکھا جائے تو خود ہماری حیثیت بھی ایک سینئر ادیب کی ہوگئی ہے اور یہ کوئی تعلّی نہیں کہ کئی جونیر اردو ادیب ہماری اِک نگاہ التفات کے منتظر رہتے ہیں۔ نہ جانے کتنوں کی یہ خواہش ہوتی ہے کہ ہم ان کے رشحاتِ قلم کے بارے میں کوئی تبصرہ کریں تو نہ صرف ان کی شہرت چار دانگ عالم میں پھیل جائے بلکہ ان کی کتابوں کے نسخوں کی مفت تقسیم کے کاروبار میں بھی دن دونی رات چوگنی ترقی ہو۔ مانا کہ دنیا کی دیگر زبانوں کے ادیبوں کے کتابیں فروخت ہوتی ہیں اور یہ ادیب مال و دولت میں کھیلتے رہتے ہیں لیکن اردو زبان کا ادیب غالباً اکیلا ایسا ادیب ہے جس کی قسمت میں فقر و فاقہ اور توکل و قناعت کی دولت لکھی ہوتی ہے۔ پتہ نہیں اُردو ادب میں یہ جو اتنا سارا اشاعتی کاروبار انجام پاتا ہے تو اس سے ہونے والے فائدے سے کون استفادہ کرتا ہے۔ ہم نے تو اُردو ادیب اور شاعر کو جب بھی دیکھا اس حالت میں دیکھا کہ نہایت عجز و انکسار کے ساتھ اپنی کتابوں کے نسخوں کو اپنے احباب اور صاحبانِ اقتدار و ثروت کے درمیان مفت تقسیم کرتا چلا جارہا ہے۔ بھلے ہی دیگر زبانوں میں کتابیں ہاتھوں ہاتھ لی جاتی ہوں لیکن یہاں تو صرف ہاتھوں ہاتھ دی جاتی ہیں بلکہ ہم تو بعض کثیر التصانیف اُردو شاعروں اور

ادیبوں سے صرف اس لئے نہیں ملتے کہ کہیں وہ اپنی کتابوں کا بوجھ ہماری جھولی میں نہ ڈال دیں۔

یہ بھی ایک حقیقت ہے کہ بعض اردو ادیب اور شاعر اپنی عزت و آبرو تک بیچ دیتے ہیں۔ ضرورت پیش آئے تو اپنا ضمیر بھی بیچ دیتے ہیں لیکن اپنی کوئی کتاب نہیں بیچ سکتے۔ حالانکہ موجودہ دور صارفین کا دور ہے۔ یہاں ہر چیز بکتی ہے اور شہرت کے بل بوتے پر مشہور آدمی غیر ضروری اشیاء بھی فروخت کرنے کا اہل بن جاتا ہے۔ آپ نے دیکھا ہو گا کہ ہمارے مشہور اور نامی گرامی کھلاڑی بھلے ہی ایک منزل کے بعد اپنے کھیل میں نام پیدا کرنے کے قابل نہ رہ جائیں لیکن وہ اشیائے تعیش کی فروخت کے معاملے میں بڑے کار آمد اور کار گر ثابت ہوتے ہیں چنانچہ آپ نے ٹیلی ویژن اور اخباروں میں اکثر کھلاڑیوں کو دیکھا ہو گا کہ کوئی ریزر بلیڈ بیچ رہا ہے تو کوئی بالوں کا تیل بیچ رہا ہے، کوئی پنکھوں کی فروخت کے سلسلے میں توصیفی کلمات ادا کر رہا ہے، کپڑے، پریشر کوکر، الیکٹریکل اشیاء، مصالحے، چائے، غرض کون سی ایسی چیز ہے جسے بیچنے میں مشہور و معروف ہستیاں مصروف نہ ہوں۔ اس وقت ہمیں ایک شخصی بات یاد آگئی۔ ہماری چھ سالہ پوتی ہما حسین بعض اوقات بڑی دلچسپ باتیں کرتی ہے۔ ٹیلی ویژن کے اشتہارات کو وہ بہت غور سے دیکھتی ہے اور ان پر عمل بھی کرتی ہے۔ فلمی اداکارہ جوہی چاؤلہ کو وہ بار بار ٹیلی ویژن پر "کُر کُرے" بیچتے ہوئے نہ صرف دیکھتی ہے بلکہ جب بھی دیکھتی ہے "کُر کُرے"

ضرور کھاتی ہے۔ ایک زمانے میں جوہی چاؤلہ کی فلمیں بہت مقبول تھیں مگر ہماری پوتی نے اپنی کم عمری کے باعث اس کی کوئی فلم پہلے نہیں دیکھی تھی۔ اس نے جوہی چاؤلہ کو جب بھی دیکھا "کُرکُرے" بیچتے ہوئے ہی دیکھا۔ ایک بار ٹیلی ویژن پر جوہی چاؤلہ کی کسی پرانی فلم کی نمائش ہو رہی تھی کہ ہماری پوتی نے حیرت سے جوہی چاؤلہ کو بغور دیکھا پھر بولی: "یہ کُرکُرے بیچنے والی تو اب فلموں میں بھی کام کرنے لگی ہے، کُرکُرے بھی اچھا بیچتی ہے اور ڈانس بھی اچھا کر لیتی ہے!" اصل میں صارفین کے معاشرے میں اب انسانوں کی پہچان بھی گڈمڈ ہو گئی ہے۔ سمجھ میں نہیں آتا کہ شئے زیادہ قیمتی ہے یا انسان۔ چاہے کچھ بھی ہو، ادب بھی اب کاروبار کا حصہ بن گیا ہے۔

شیلا ریڈی نے اپنے اس مضمون میں انگریزی ادب کی کئی مقتدر ہستیوں کے بیانات بھی قلم بند کئے ہیں۔ خوشونت سنگھ کا بیان ہے کہ وہ نئے ادیبوں کی ہمت افزائی کی خاطر بسا اوقات مبالغہ آرائی سے بھی کام لیتے ہیں۔ یوں بھی اشتہار اور توصیفی کلمات میں سچ اور جھوٹ کو الگ الگ کرنا بڑا دُشوار ہوتا ہے۔ دیکھا جائے تو اچھا ادب بھی کبھی پورا سچ نہیں ہوتا۔ جب تک پورے سچ میں تھوڑے سے جھوٹ کو اور پورے جھوٹ میں تھوڑے سے سچ کو شامل نہ کیا جائے ادب، ادب نہیں بن پاتا۔

ماشاء اللہ! اُردو ادب میں اب ہم ایسے منصب پر فائز ہیں جہاں بیٹھ کر ہم نے

سینکڑوں نوجوان ادیبوں کی ہمت افزائی یا گمراہی کی خاطر ان کی کتابوں کے پیش لفظ، فلیپ اور تبصرے وغیرہ لکھے ہیں لیکن آج تک کسی ادیب نے یہ نہیں بتایا کہ ہمارے توصیفی اور سفارشی کلمات کے باعث اس کی کتاب کا کوئی نسخہ فروخت بھی ہوا ہو۔ اُردو ادب کی دُنیا ہی الگ ہے اور اس میں جینے کے انداز بھی مختلف ہوتے ہیں۔ یوں بھی کوئی سینئر ادیب اپنے توصیفی کلمات میں لاکھ زور مارلے لیکن اگر کتاب میں زور نہ ہو تو وہ کیا کرلے گا۔ ہمیں اس وقت ایک ادیب اور اس کے قاری کی بات یاد آگئی۔ ایک قاری نے کسی ادیب کی کسی کتاب پر اعتراض کیا تو ادیب نے کہا: "میں اس کتاب کا مصنف ہوں، مجھے معلوم ہے کہ اس کتاب میں کیا کیا نزاکتیں ہیں اور تخلیق کے کون کون سے جوہر اس میں پوشیدہ ہیں، تم صرف قاری ہو تم کسی ادبی شہ پارے کی خوبیوں کا اندازہ کیسے لگا سکتے ہو"۔ اس پر قاری نے کہا تھا: "مرغی انڈا ضرور دیتی ہے لیکن اگر اس کے سامنے کئی انڈے ایک ساتھ رکھ دیئے جائیں تو وہ یہ پتہ نہیں چلا سکتی کہ ان میں کون سا انڈا گندہ ہے مگر میں انڈے اور کتاب دونوں کو کھول کر ضرور پتہ چلا لیتا ہوں کہ کون سا انڈہ اور کون سی کتاب گندہ ہے"۔

***

۳

انجمن تلفّظِ اردو کا فوری قیام نہایت ضروری

پچھلی صدی کی چھٹی دہائی کے اواخر میں حیدرآباد میں ایک انجمن قائم ہوئی تھی جس کا نام "انجمن تحفظ اردو" تھا۔ اس وقت اردو کی صورتحال اچھی تھی اور گاہے بہ گاہے اس کا تحفظ بھی ہو رہا تھا۔ رہی اردو الفاظ کے تلفظ کی بات تو اس معاملہ میں بھی صورتحال اتنی سنگین نہیں تھی جتنی کہ آج کل دکھائی دیتی ہے۔ اس کے باوجود نہ جانے کیوں جب بھی اس انجمن کا نام ہماری زبان پر آتا تھا تو پھسل کر "تحفظ اردو" کی بجائے "تلفّظِ اردو" ادا ہو جاتا تھا۔ ہو سکتا ہے ہمارے لاشعور میں یہ بات رہی ہو کہ مستقبل میں جب اردو کے تحفظ کے امکانات معدوم ہوتے جائیں گے تو فطری طور پر اردو الفاظ کا تلفّظ بھی بگڑ جائے گا اور اردو والے اس نوبت کو پہنچ جائیں گے کہ ایک "انجمن تحفظِ تلفّظِ اردو" بھی قائم کر بیٹھیں۔ بخدا آج ہمیں ایسی ایک انجمن کی شدید ضرورت لاحق ہوتی نظر آ رہی ہے۔ ماہنامہ "اردو دنیا" کے ایک شمارہ میں جامعہ ملیہ اسلامیہ کے ایک ریسرچ اسکالر منظر علی کا ایک اہم مضمون "ٹی وی

چینلوں میں اردو کا اہم کردار" کے عنوان سے شائع ہوا ہے

جس میں ریسرچ اسکالر موصوف نے مختلف ہندی چینلوں سے نشر ہونے والی زبان کا باریک بینی سے جائزہ لینے کے بعد یہ مژدہ سنایا ہے کہ ہندی پروگراموں میں اردو الفاظ کا نہ صرف بکثرت بلکہ بے دریغ استعمال ہونے لگا ہے۔ یہی نہیں ہندی چینلوں کے پروگراموں کے نام تک اردو لفظیات پر مبنی ہوتے ہیں جیسے "خاص خبریں" "خبروں کی خبر" "جرم" "واردات" "آپ کی عدالت" "روبرو" "رات باقی" اور "گستاخی معاف" وغیرہ۔ اردو ہی نہیں بلکہ ان چینلوں پر عربی کے خالص الفاظ بھی دھڑلے سے استعمال کئے جانے لگے ہیں جیسے "راحت" "دعوی" "وراثت" "بدلہ یا بدل" اور "الوداع" وغیرہ۔ الوداع ایک ایسا لفظ ہے جس کا ہندی میں کوئی متبادل نظر نہیں آتا۔ اس لئے اسے غلط املا کے ساتھ ساتھ ہندی لفظ بنالیا گیا ہے جیسے "ودائی کرنا" (رخصت کرنا) "ودائی سمارہ" (الوداعی تقریب) وغیرہ۔ ریسرچ اسکالر منظر علی کا کہنا ہے کہ اردو الفاظ تو یقیناً بکثرت استعمال ہو رہے ہیں لیکن ان کے تلفظ کے معاملہ میں سخن گسترانہ بات کچھ اتنی بڑھتی چلی جارہی ہے کہ بالآخر بات کا بتنگڑ بننے لگا ہے۔ ان کا کہنا ہے کہ جہاں تک ای ٹی وی (اردو) اور دور درشن (اردو) کے پروگراموں کا تعلق ہے یہاں تلفظ کا معاملہ بڑی حد تک گوارا اور تشفی بخش دکھائی دیتا ہے۔ لیکن ہندی چینلوں پر اردو الفاظ کا تلفظ مضحکہ خیز حد تک ناگوار بن جاتا ہے جیسے خبر کو کھبر، نسخہ کو نسکھا، حفاظت کو ہپھاجت، فیصد کو پھیسد

کے علاوہ وسیم جعفر کا نام وسیم زاپھر اور ہمارے مشہور و معروف دوست اصغر وجاہت کا نام "اسگر وضاحت" بن جاتا ہے۔ پھر دلچسپ بات یہ ہے کہ ایک ہی لفظ کا تلفظ کبھی صحیح ادا کرتے ہیں اور کبھی غلط۔ اس سے یہ گمان ہوتا ہے کہ شعوری طور پر یہ لوگ کوشش تو ضرور کرتے ہیں کہ تلفظ کی ادائیگی صحیح ہو لیکن اردو زبان سے نابلد رہنے کی وجہ سے ان سے اس طرح کی غلطیاں سرزد ہو جاتی ہیں۔

غرض منظر علی نے تلفظ کی ایسی ہی کئی دلچسپ مثالیں پیش کی ہیں۔ جی تو چاہتا ہے کہ ہم ایسی ہی مزید مثالیں پیش کریں لیکن ہمارے کالم کی کوتاہ دامنی ان مثالوں کی متحمل نہیں ہو سکتی۔ پھر ہم بھی تو اس معاملہ میں اپنی ناچیز رائے کو پیش کرنے کے لئے بے چین ہیں۔ نصف صدی پہلے اگر ہماری زبان پر "انجمن تحفظ اردو" کا نام پھسل کر "انجمن تلفّظِ اردو" کی صورت میں ادا ہوتا تھا تو اس کا ایک مطلب غالباً یہ بھی نکلتا ہے کہ ہماری زبان بہت پہلے سے ایسی پیشین گوئی کرنے کے قابل ہو گئی تھی کہ ایک دن اردو پر وہ کڑا وقت بھی آئے گا جب اس زبان کا تحفظ تو دور کی بات ہے اس کے لفظوں کا تلفّظ تک خطرہ میں پڑ جائے گا۔ چنانچہ یہ بات آج صد فیصد صحیح ثابت ہو رہی ہے۔ پچیس تیس برس پہلے کی بات ہے، آل انڈیا ریڈیو کے شہرہ آفاق نیوز ریڈر دیو کی نندن پانڈے سے ہمارے بے تکلفانہ مراسم تھے۔ وہ اگرچہ اردو رسم خط سے بالکل واقف نہیں تھے لیکن اردو تہذیب کے پروردہ تھے۔ بات چیت میں جب وہ اردو کے الفاظ (بشمول ثقیل الفاظ) بولتے تھے تو ایسی عمدگی اور روانی

کے ساتھ تلفّظ ادا کرتے تھے کہ یوں لگتا تھا جیسے کوکوثر و تسنیم میں دھلی ہوئی زبان کے اکیلے وارث ہیں۔ فارسی کے شعروں اور عربی کے محاوروں پر بھی اپنا ہاتھ اور زبان صاف کرتے رہتے تھے اور ہم ان کی عربی دانی پر عش عش اور فارسی دانی پر فش فش کرتے رہ جاتے تھے۔ مجاز، فراق گورکھپوری اور کئی اور شاعروں اور ادیبوں کی صحبتوں کے فیض یاب تھے۔ وہ آل انڈیا ریڈیو سے ہندی خبریں پڑھتے تھے اور شخصی طور پر ہندی خبروں میں نہایت سنسکرت آمیز ثقیل الفاظ کے استعمال کے خلاف تھے لیکن سرکار کی لسانی پالیسی کے آگے وہ کیا کرسکتے تھے۔ ریڈیو کے معمول کے مطابق وہ اپنی خبریں اس جملے سے شروع کرتے تھے "یہ آکاش وانی ہے ۔اب آپ دیوکی نندن پانڈے سے ہندی میں سماچار سنئے"۔ مشہور ہے کہ ایک بار انہوں نے یہ جملہ اس طرح ادا کیا تھا "یہ آکاش وانی ہے۔ اب آپ سماچاروں میں ہندی سنئے"۔ لوگ کہتے ہیں کہ انہوں نے یہ جملہ شرارتاً ادا کیا تھا مگر یہ غلط جملہ کتنا صحیح تھا اس کا اندازہ اس جملہ کی ذہانت اور بندش سے لگایا جاسکتا ہے۔ آج ریڈیو اور ٹیلی ویژن پر سینکڑوں اردو الفاظ غلط تلفظ کے ساتھ ادا کئے جارہے ہیں لیکن کوئی ٹوکنے والا نہیں ہے۔ ابھی پچیس تیس برس پہلے کی بات ہے اردو معاشرہ اتنا سرگرم اور حساس تھا کہ کسی لفظ کا غلط تلفظ سننا تو بہت دور کی بات ہے، اگر ایک شاعر کا شعر کسی دوسرے شاعر سے منسوب ہوجاتا تھا تو یہ معاشرہ بھڑ جاتا تھا۔

اس وقت ہمیں دو چشم دید اور گوش شنید واقعات یاد آرہے ہیں۔ ۷۰ء کی دہائی

کی بات ہے جامعہ ملیہ اسلامیہ میں اردو افسانہ پر ایک بین الاقوامی سمینار کی افتتاحی تقریب جاری تھی۔ ایک نہایت بارسوخ مرکزی وزیر نے اپنی تقریر میں ایک شاعر کا شعر کسی دوسرے شاعر سے منسوب کر دیا۔ باقر مہدی جو اپنی بیباکی کے لئے بدنامی کی حد تک شہرت رکھتے تھے، اس تقریب میں موجود تھے۔ فوراً اٹھ کھڑے ہوئے اور کہا "جناب! آپ یہ شعر غلط شاعر سے منسوب کر رہے ہیں۔ تصحیح فرمالیجئے"۔ اس پر وزیر موصوف نے کہا "میں آپ سے بعد میں بات کروں گا" اس پر باقر مہدی نے اپنے مخصوص لہجہ میں کہا "آپ مجھ سے کیوں کر بات کر سکتے ہیں کیونکہ آپ نے مجھ سے نہ تو کوئی وقت مانگا ہے اور نہ ہی میں نے آپ کو کوئی وقت دیا ہے"۔ دوسرا واقعہ بھی کم و بیش اسی عرصہ اور نوعیت کا ہے۔ بمبئی میں ایک ادبی تقریب آراستہ تھی۔ مہاراشٹرا کے ایک مقتدر وزیر نے جن کا طوطی سارے ملک میں بولتا تھا، اپنی تقریر میں کوئی اردو شعر غلط پڑھ دیا تو حسب اندیشہ عزیز قیسی اٹھ کھڑے ہوئے اور بولے "آپ شعر غلط پڑھ رہے ہیں اسے یوں پڑھئے"۔ وزیر موصوف نے کہا "آپ کو تصحیح کرنے کا کوئی حق نہیں پہنچتا"۔ اس پر عزیز قیسی نے کہا "مگر میں نے تو تصحیح کر دی ہے"۔ وزیر موصوف نے برہم ہو کر کہا "اس وقت آپ غالباً نشہ میں ہیں۔ آپ سے بعد میں بات ہو گی"۔ عزیز قیسی نے جواب دیا "میرا نشہ اگر ہے بھی تو کچھ دیر بعد اتر جائے گا مگر آپ اقتدار کے نشہ میں ہٹ دھرمی کا مظاہرہ کر رہے ہیں اور یہ نشہ ایسا ہے جو خود سے نہیں اترتا بلکہ اسے اتارنا

پڑتا ہے"۔ یہ وہ دور تھا جب اردو معاشرہ اتنا حساس ہوا کرتا تھا کہ چھوٹی چھوٹی باتوں پر بھی خم ٹھونک کر سینہ سپر ہو جایا کرتا تھا۔

سنا ہے کہ پچھلے دنوں حیدرآباد میں ایک تنظیم کی طرف سے شعر و ادب اور رقص و موسیقی کی ایک محفل آراستہ ہوئی تھی جس میں نامی گرامی فلمی اداکاروں نے ہمارے دو اہم اردو شاعروں کا کلام تلفظ کی بے حد فاش غلطیوں کے ساتھ پڑھا لیکن کسی نے کوئی اعتراض نہ کیا کیونکہ یہ محفل ایک فائیو اسٹار ہوٹل میں منعقد ہوئی تھی۔ اس محفل کا خاکہ کچھ اس طرح کا تھا کہ پہلے تو کوئی فلمی اداکار شاعر کا کلام پڑھتا تھا (چاہے وہ اردو جانتا ہو یا نہ جانتا ہو) بعد میں کوئی گلوکارہ اسے گاتی تھی یا موسیقار اسے ساز پر بجاتا تھا۔ آخر میں یہی کلام کسی رقاصہ کی مدد سے اسٹیج پر ناچا جاتا تھا۔ اتفاق سے اس محفل میں دونوں شاعروں کے فرزندگان بھی موجود تھے۔ ایک شاعر کے فرزند دلبند نے تو احتجاجی بیان دیا البتہ دوسرے شاعر کے فرزند مند بند نے وضاحتی بیان دیتے ہوئے یہ تسلیم تو کیا کہ شعر خوانی میں تلفظ کی فاش غلطیاں رہ گئی تھیں لیکن یہ بھی کہا کہ بعد میں گلوکارہ نے اپنی سحر آگیں آواز اور رقاصہ نے اپنے چٹپٹے اور لذیذ رقص کی مدد سے تلفظ کی ان غلطیوں کو ڈھانپ لیا یا یوں سمجھئے کہ ان غلطیوں کی تصحیح کر لی۔ اس معصومانہ وضاحت پر ہمیں ہنسی آ گئی کہ اب رقص اور موسیقی کو آج کے اردو معاشرہ میں رسم خط کا درجہ حاصل ہوتا جا رہا ہے۔ تاہم تلفظ کی غلطیوں کو رقص و موسیقی کی مدد سے ڈھانپنے کے نادر خیال سے

ہی ہمیں وحشت ہونے لگی ہے۔ کیوں نہ ہو ذرا دیکھئے کہ غالب نے اپنے ایک شعر میں "ڈھانپنے" کے عمل کو کیسی فیصلہ کن بلاغت کے ساتھ باندھا ہے۔

ڈھانپا کفن نے داغِ عیوبِ برہنگی
میں ورنہ ہر لباس میں ننگ وجود تھا

اردو معاشرہ پر اب ایسا ہی نزع کا عالم طاری ہوتا جارہا ہے۔ یاد رکھئے کہ جب کسی زبان کے الفاظ کا تلفظ بگڑنے لگتا ہے یا اس کا رسم خط اس سے چھین لیا جاتا ہے تو وہ زبان یتیم و یسیر ہو کر بالآخر تاریخ کے صفحات میں گم ہو جاتی ہے۔ خوب یاد آیا ۱۹۷۲ء میں ہم نے ایک انشائیہ "اردو کا آخری قاری" کے عنوان سے لکھا تھا جس میں ہم نے پیشین گوئی کی تھی کہ اکیسویں صدی کے آتے آتے اردو ختم ہو جائے گی (اگرچہ بعد میں پبلک کے بے حد اصرار پر ہم اس پیشین گوئی سے دستبردار بھی ہو گئے تھے)۔ "شب خون" کے خبر نامہ کے تازہ شمارہ میں ہمارے دانشور دوست اور اردو فکشن کے اہم نقاد سکندر احمد کا ایک انٹرویو شائع ہوا ہے جس میں انہوں نے ازراہ عنایت ہمارے مذکورہ بالا انشائیہ کا حوالہ دیتے ہوئے اور ہمارے انشائیہ کے خلاف تردیدی بیان جاری کرتے ہوئے فرمایا ہے کہ "اردو زبان سمٹ نہیں رہی ہے اور نہ سمٹے گی کیونکہ اردو کا سب سے بُرا دور گزر چکا ہے"۔ سکندر احمد ہمارے عزیز دوست ہیں۔ بے شک ہم نے اردو زبان کے انجام کے بارے میں اپنی پیشین گوئی واپس لے لی ہے لیکن ذرا دیکھئے کہ اکیسویں صدی میں جو اردو لُٹ لٹا کر اور اپنی جان

بچا کر آئی ہے اس کا تلفظ کیسا ہے اور اس کے رسم خط کا کیا حال ہے ؟ اس کی تعلیم کا کیا بندوبست ہے ؟ اس کی جس کسمپرسی اور زبوں حالی کا ہم نے اپنے کالم میں ذکر کیا ہے اس کے پس منظر میں ہمیں یوں لگ رہا ہے جیسے سکندر احمد کا یہ پر امید انٹرویو ہمارے کالم کی تلخی اور یاسیت کو "ڈھانپنے" کی کامیاب کوشش ہے۔

سب سے آخر میں ہم ٹیلی ویژن اور دیگر پروگراموں میں اردو کے ساتھ ہونے والی لسانی چھیڑ چھاڑ کے بارے میں بی بی سی کے معروف براڈکاسٹر رضا علی عابدی کے تاثرات پیش کرنا چاہیں گے۔ وہ فرماتے ہیں "یہ لوگ زبان کے قاتل ہیں۔ ان کی گرفت ہونی چاہئے۔ اگر کوئی زبان کے ساتھ بدسلوکی کرے تو اس کو سزا ملنی چاہئے۔ یہ زبان کا زوال اور انحطاط ہے۔ زبان تقدس مانگتی ہے۔ احترام چاہتی ہے۔ زبان کوئی کھیل نہیں ہے"۔ ایک زمانہ تھا جب اردو میں چیزوں کے افشا اور آشکار ہونے کا چلن عام تھا مگر اب "ڈھانپنے" اور چھپانے کا رواج بڑھتا جا رہا ہے۔ معاف کیجئے ہمیں یہاں پھر غالب کا وہی شعر یاد آرہا ہے جو ڈھانپنے کے معاملہ میں "حرف آخر" کی حیثیت رکھتا ہے۔ اب رہنے بھی دیجئے۔

***

۴

تجھے اے جنوری ہم دور سے پہچان لیتے ہیں

بزرگوں سے سُن رکھا ہے کہ سال کے بارہ مہینے ہوتے ہیں اور ہر سال کا آغاز جنوری کے مہینے سے ہوتا ہے۔ بزرگ کہتے ہیں تو پھر ٹھیک ہی کہتے ہوں گے، مگر ہم نے جب حساب لگایا تو پتہ چلا کہ سال میں صرف گیارہ مہینے ہوتے ہیں اور ہمارا شخصی اور اصلی سال جنوری سے نہیں فروری سے شروع ہوتا ہے۔ حساب کا یہ گھپلا کئی برس سے چلا آرہا ہے۔ جنوری کی آمد کے خوف سے ہم دسمبر ہی میں گھبرانے لگتے ہیں اور ہمارے دل کی دھڑکن تیز ہو جاتی ہے کیوں کہ

تجھے اے جنوری ہم دور سے پہچان لیتے ہیں

اس مہینہ سے ہمارے خوف کی ایک وجہ تو یہ ہے کہ یہی وہ مبارک و مسعود مہینہ ہے جس میں ہماری شادی ہوئی تھی۔ اگرچہ یہ سانحہ پچاس برس پہلے پیش آیا تھا مگر یہ اسی سانحہ جاریہ کا لازمی نتیجہ ہے کہ ہماری چار اولادوں کے تین جنم دن اسی مہینے کی مختلف تاریخوں میں آتے ہیں۔ آپ پوچھیں گے کہ چار اولادوں کے

تین جنم دن کیوں کر ہوتے ہیں تو جواب اس کا یہ ہے کہ جنوری کا مہینہ ہی حساب کے گھپلے کا ہوتا ہے، ہماری دو سعادت مند اولادیں جنوری کی ایک ہی تاریخ کو پیدا ہوئی تھیں۔ ہم ان دونوں بیٹوں کے شکر گزار ہیں کہ انہوں نے اپنی پیدائش کے لئے ایک ہی تاریخ کا انتخاب فرمایا ورنہ ہمیں ان کے جنم کو دو الگ الگ تقریبوں کی صورت میں منعقد کرنا پڑتا۔ تاہم ان سے یہ شکایت ہے کہ انہوں نے اپنی پیدائش کے لئے مہینہ کا انتخاب غلط فرمایا۔ میاں پیدا ہونا اتنا ہی ضروری تھا تو کسی اچھے مہینے میں پیدا ہوتے۔ لوگ کہتے ہیں کہ جنوری کا مہینہ خوشیوں اور مسرتوں کا مہینہ ہوتا ہے۔ یہی وہ مہینہ ہوتا ہے جس کی پہلی تاریخ سے نیا سال شروع ہوتا ہے۔ لوگ خوش ہوتے ہیں کہ وہ گذرے ہوئے سال کے چنگل سے بچ کر نکل آئے۔ لہذا اس خوشی میں آدمی کیا کیا نہیں کرتا۔ پچھلی جنوری کی پہلی تاریخ کا واقعہ ہے کہ نئے سال کی عمر ابھی پندرہ منٹ بھی نہیں ہوئی تھی اور ہم ایک دوست کے گھر سے نئے سال کی پارٹی بھگتا کر واپس ہو رہے تھے کہ ہمیں ایک صاحب نظر آئے جو نفیس سوٹ میں ملبوس فٹ پاتھ پر چاروں خانے چت لیٹے ہوئے تھے۔ ہم نے سوچا عجیب آدمی ہیں۔ ساری دنیا نئے سال کی آمد کی خوشیاں منا رہی ہے اور یہ شدید سردی میں فٹ پاتھ پر آرام فرما رہے ہیں۔ ہم نے از راہ ہمدردی ان کے قریب جا کر انہیں جگاتے ہوئے کہا "حضرت اٹھئے کہ زمانہ قیامت کی چال چل گیا ہے۔ نیا سال آگیا ہے اور کم از کم نئے سال میں تو اپنے گھر جا کر سو جایئے"۔ یہ سنتے ہی موصوف نے اپنی آنکھیں

کھولیں۔ ایک عدد ہچکی لی اور "نیا سال مبارک ہو" کہہ کر ہم سے یوں بغل گیر ہوئے جیسے ہماری پسلیوں کی مضبوطی کا امتحان لینا چاہتے ہوں۔ امتحان لے چکے تو اچانک ہمارے قدموں میں گر گئے اور گڑ گڑا کر معافی مانگنے لگے کہ اگر پچھلے سال میں ان سے کوئی غلطی ہوئی ہو تو ہم انہیں معاف کر دیں۔ ہم نے انہیں بہتیرا سمجھایا کہ پچھلے سال میں آپ سے ہماری ملاقات ہی نہیں ہوئی تھی۔ ہم تو ابھی نئے سال میں پانچ منٹ پہلے آپ سے متعارف ہوئے ہیں اگر آپ سے غلطی ہو بھی جائے تو نئے سال میں ہو گی۔ پچھلے سال میں نہیں۔ آب دیدہ ہو کر بولے یہ آپ کی بڑائی ہے ورنہ میں نہایت برا آدمی ہوں۔ گناہگار ہوں۔ خطاکار ہوں۔ اتنا کہہ کر انہیں نہ جانے کون سے ناکردہ گناہ یاد آگئے کہ پھوٹ پھوٹ کر رونے لگے۔ ہم نے انہیں دلاسہ دینے کی کوشش کی تو لڑکھڑا کر اپنی دونوں بانہیں ہماری گردن میں ڈال دیں اور جسم کا سارا بوجھ ہماری نازک گردن پر کچھ اس طرح ڈال دیا کہ ہم بھی نئے سال کی مسرت میں ان کے ساتھ فٹ پاتھ پر گر گئے۔ اب نیا سال ہمارے سر سے اونچا ہو گیا تھا۔ لہذا موقع کو غنیمت جان کر ہم وہاں سے بھاگ کھڑے ہوئے۔ بڑی دور تک اُن کی آوازیں آتی رہیں کہ "بھیا! نئے سال کی مبارکباد تو قبول کرتے جاؤ"۔

اس واقعہ کے بعد سے اب تک بے شمار افراد نے ہمیں نئے سال کی مبارک دی ہے مگر اس نئے سال کی پہلی مبارک باد ہمیں کچھ اس طرح ملی ہے کہ ہر مبارک باد پر جی گھبراتا ہے۔ دوسرے دن صبح صبح اخبار والے نے ہم سے کہا "صاحب نیا سال

آپ کو مبارک ہو، پچاس روپے نکالئے۔ پچھلے مہینے بھی آپ نے اخبار کا چندہ نہیں دیا تھا"۔

نئے سال کے موقع پر ہم اسے مایوس کرنا نہیں چاہتے تھے لہذا ہم نے اس سے مبارک باد اور اس نے ہم سے چندہ وصول کیا۔ وہ چلا گیا تو ہمارے مالک مکان نئے سال کی مبارک باد دینے آگئے، بڑی گرم جوشی کے ساتھ نئے سال کی مبارک باد دی۔ پچھلے سال کی زیادتیوں کا رقّت آمیز لہجہ میں ذکر کیا۔ ان آفات ارضی وسماوی کا مثالوں کے ساتھ حوالہ دیا جو ان پر پچھلے سال ٹوٹی تھیں۔ نئے سال کے مبارک موقع پر ہی ہمیں یہ معلوم ہوا کہ دس مہینے پہلے ہمارے مالک مکان کی چہیتی بھینس اس دنیا سے گذر گئی۔ ضمنی طور پر انہوں نے اپنی ساس کے گذر جانے کا سانحہ بھی سنایا۔ لیکن اس سانحہ کو بیان کرتے وقت ان کے لہجہ میں وہ رقّت نہیں تھی جو بھینس کے گذر جانے کے سانحہ کو بیان کرتے وقت ان کے لہجہ میں سمٹ آئی تھی۔ یوں بھی بھینس اور ساس کا کیا مقابلہ، ساس سب کچھ کر سکتی ہے مگر دودھ تو نہیں دے سکتی۔

ہر سال کی طرح ہم ان کے پچھلے سال کے غموں میں شریک ہوگئے تو انہوں نے دبی زبان میں التجا کی کہ پچھلے سال ان کے ساتھ جو کچھ ہوا ہے اس کی تلافی کے طور پر ہم نئے سال میں ان کے مکان کے کرایہ میں اضافہ کر دیں کیوں کہ عموماً کرایہ میں اضافہ کے بعد بھینس اور ساس کے گذر جانے کا غم کچھ ہلکا ہو جاتا ہے۔

مالک مکان ہونے کا سب سے بڑا فائدہ ہمیں یہی نظر آیا کہ مکان کے کرائے میں اضافہ کر کے مالک مکان ہر قسم کے غم کو برداشت کرنے کے قابل ہو جاتا ہے۔ نئے سال کے پر مسرت ماحول میں ہم کسی کو مایوس نہیں کرنا چاہتے تھے لہذا کرایہ میں اضافہ کی بات مان لی۔ تاہم ڈرتے ڈرتے مکان مالک سے دست بستہ عرض کی کہ حضور! وہ جو ہم نے دو سال پہلے کی پہلی جنوری کو مکان کی سفیدی کرانے کی درخواست کی تھی تو اس کا کیا ہوا؟

بولے "اگلے سال جب میں نئے سال کی مبارک باد دینے آؤں تو ضرور یاد دلایئے گا۔ انشاء اللہ کچھ نہ کچھ ضرور ہو ہی جائے گا"۔ ہم نل کی ٹونٹیوں کی خرابی، گھر کے دروازوں کی خستہ حالت اور چھت کے ٹپکوں کی طرف آنا ہی چاہتے تھے کہ ہمارے مالک مکان نے موضوع کو بدلتے ہوئے کہا:

"صاحب! نئے سال کے خوشگوار ماحول میں آپ کن ناخوشگوار باتوں کا ذکر لے بیٹھے۔ آپ کا اور ہمارا تو جنم جنم کا ساتھ ہے، یار زندہ صحبت باقی، پھر ایک بار نئے سال کی دلی مبارک باد قبول فرمایئے۔ اچھا تو میں چلتا ہوں"۔

یہ کہہ کر وہ چلے گئے تو دیکھا کہ گھر کے سامنے ایک ٹیکسی آکر رک گئی، اس میں سے ہمارے ایک ایسے عزیز دوست اپنے بال بچوں سمیت بر آمد ہوئے جن کی صورت ہم نے دس برسوں سے نہیں دیکھی تھی۔ ہمیں دیکھتے ہی گلے سے لگ گئے اور بولے:

"نیا سال مبارک ہو۔ بمبئی سے سیدھا تمہارے پاس آرہا ہوں، کئی برس سے تم سے ملاقات نہیں ہوئی تھی۔ تم نے میرے بچوں کو بھی نہیں دیکھا تھا، سوچا کہ اس بار تمہیں شخصی طور پر نئے سال کی مبارک باد دی جائے۔ بس دو دن تمہارے گھر مہمان رہوں گا تاکہ تمہیں اچھی طرح نئے سال کی مبارک باد دے سکوں"۔

ہر نئے سال پر جنوری کے مہینے میں ہمارے پاس عموماً اسی طرح کے ملنے والے آتے ہیں۔ پتہ نہیں لوگوں کو نئے سال کی مبارک باد دینے میں کیا مزہ آتا ہے کہ وہ زندگی کو بھول کر صرف مبارک باد دینے میں مصروف ہو جاتے ہیں۔ آپ یقین کریں کہ نئے سال کے پہلے ہفتے میں ہم کوئی کام کرنے کے قابل نہیں رہتے۔ صرف نئے سال کی مبارک باد ہی قبول کرتے رہتے ہیں۔ یوں سمجھئے کہ نئے سال کے پہلے ہفتے میں ہماری زندگی کی سرگرمیاں رُک جاتی ہیں۔ اگر کوئی گالی بھی دے تو اسے "آپ کو بھی نیا سال مبارک ہو" کہتے ہیں۔ سچ تو یہ ہے کہ ایک منزل وہ بھی آتی ہے جب ہمیں نئے سال کی مبارک باد ایک گالی کی طرح دکھائی دینے لگتی ہے۔ بس میں کوئی مسافر آپ کو دھکا دیتا ہے تو اظہار ندامت کرنے سے پہلے آپ کو نئے سال کی مبارک باد دیتا ہے۔ گویا خبر دار کرنا چاہتا ہو کہ نئے سال میں بسوں میں نت نئے دھکے کھانے کے لئے تیار رہئے۔

ان مبارک باد دینے والوں سے فرصت ملتی ہے تو ہمارے پاس نئے سال کے کارڈ آنا شروع ہو جاتے ہیں۔ عموماً یہ تہنیتی کارڈ ان افراد کی طرف سے آتے ہیں

جنہوں نے یا تو ہم سے پچھلے سال میں کوئی فائدہ اٹھایا تھا یا آنے والے سال میں ہم سے فائدہ اٹھانے کا ارادہ رکھتے ہوں۔ جنوری کے آدھے مہینہ میں ہم ان کارڈوں کو وصول کرتے ہیں اور بقیہ آدھا مہینہ ان کارڈ بھیجنے والوں کا شکریہ ادا کرنے میں گذر جاتا ہے۔ اس بیچ اہل غرض ہمارے پاس نئے سال کی پہلی مبارک باد کے کلینڈر بھیجنا شروع کر دیتے ہیں۔ ان کلینڈروں پر عموماً ایسی دوشیزاؤں کی تصویریں ہوتی ہیں جن کے بدن پر گھڑی کے سوائے کوئی اور لباس نہیں ہوتا۔ ان کلینڈروں کو دیکھ کر جنوری کے مہینے میں کئی راتوں تک ہمیں نیند نہیں آتی۔

ہم نے یہ بھی محسوس کیا ہے کہ جنوری کے مہینے میں آدمی خواہ مخواہ ہی مہذب اور شریف بننے کی کوشش کرتا ہے۔ نئے سال کی مبارک باد تو دیتا ہے لیکن اس کے ساتھ ساتھ نئے ارادے اور نئے فیصلے بھی کرتا ہے۔ ہم نے بھی کئی بار فیصلہ کیا ہے کہ نئے سال میں سگریٹ چھوڑدیں گے، نئے سال میں آوارہ گردی نہیں کریں گے۔ جھوٹ نہیں بولیں گے، صحت کا خیال رکھیں گے، بیوی سے اپنی آمدنی پوشیدہ نہیں رکھیں گے وغیرہ وغیرہ۔

جنوری کے مہینہ کی ابتدائی تاریخوں میں ہم ان نئے فیصلوں اور نئے ارادوں پر عمل کرنے کی پوری کوشش کرتے ہیں لیکن جیسے جیسے وقت گذرتا ہے ہم اپنی اصلی حالت پر واپس آجاتے ہیں۔ اور سال کے بقیہ مہینوں میں ہم جنوری کے مہینے کے خلاف تردیدی بیان جاری کرتے رہتے ہیں۔ یہی وہ مہینہ ہے جس میں آدمی

بلاوجہ اپنے دل کو ٹٹولتا ہے اور دماغ کو جھنجھوڑتا ہے۔ جنوری کا تو کچھ بھی نہیں بگڑتا، البتہ آدمی ہی بعد میں بگڑ جاتا ہے۔ اس لئے تو ہم جنوری کے مہینے کو اپنی عمر کے کھاتے میں شمار نہیں کرتے۔

***

۵

ہم اٹھاون برس سے شادی شدہ ہیں

کل ہم اپنے بعض پرانے بلکہ بوسیدہ کاغذات کو الٹ پلٹ رہے تھے کہ ان میں سے ایک مڑا تڑا کاغذ بھی نکل آیا۔ اب جو ہم نے اس کا بغور مطالعہ کیا تو حیران رہ گئے کہ یہ تو ہماری ہی شادی کا نکاح نامہ ہے جس کے مطابق ہم ۱۱ نومبر ۱۹۵۶ کو یعنی اٹھاون برس پہلے رشتہ ازدواج میں منسلک ہو گئے تھے۔ گویا ہماری شادی شدہ زندگی کی عمر اب اٹھاون برس کی ہونے والی ہے۔ اگر یہ موقع کسی اسٹیڈیم میں ہمارے کرکٹ کھیلنے کا ہوتا تو نصف سنچری کے اوپر جا کر ہمارے اس اسکور پر سارا اسٹیڈیم تالیوں سے گونج رہا ہوتا مگر ہمارے ہاں کرکٹ کے اسکور پر تو لوگ ضرور تالیاں بجاتے ہیں لیکن شادی کی سالگرہ کے اسکور پر عموماً اپنے سینوں پر ہتّڑ مار لیتے ہیں جیسے اس مبارک موقع پر ماتم کناں ہوں۔ یہ مذاق نہیں بلکہ حقیقت ہے کہ ہمارے ایک دوست اپنی شادی سے اس قدر نالاں تھے کہ اپنی شادی کی سالگرہ نہیں بلکہ برسی مناتے تھے۔ وہ تو خدا کا فضل ہوا کہ پانچ برس کی شادی خانہ بربادی

کے بعد جب انھوں نے اپنی بیوی کو طلاق دے دی تو ہر سال بڑی پابندی کے ساتھ طلاق کی سالگرہ شادی کی برسی سے کہیں زیادہ دھوم دھام سے منانے لگے۔ خرد کا نام جنوں اور جنوں کا خرد اسی طرح تو پڑتا ہے۔ بہر حال اس بھولے بسرے نکاح نامہ کو پانے کے بعد ہم نے اپنی اہلیہ محترمہ کو پکار کر خوشی خوشی بتایا"اجی سنتی ہو! ہماری شادی شدہ زندگی کی عمر اب اٹھاون برس کی ہونے والی ہے"۔ یہ سنتے ہی موصوفہ کی حالت اچانک ایسی ہوگئی جیسے انھیں سانپ سونگھ گیا ہو۔ بولیں "یہ سانحہ کب ہوا؟ کیسے ہوا؟ تمہیں کس نے بتایا؟" ہم نے نکاح نامہ کا بوسیدہ کاغذ انھیں تھمایا تو پوچھا"یہ تمہیں کہاں مل گیا۔ شادی کے ابتدائی چار پانچ برسوں میں میں نے اس کاغذ کو بہت تلاش کیا مگر یہ نہ ملا۔ اب کیسے مل گیا"۔ ہم نے کہا"میں بھی کم و بیش اسی عرصے میں اس کاغذ کا متلاشی رہا مگر مجھے بھی نہ ملا۔ میں تو اس کاغذ میں صرف دیکھنا چاہتا تھا کہ کسی ناگہانی صورت میں مجھے مہر کی کتنی رقم تمہیں ادا کرنی ہوگی"۔ شرما کے بولیں "سچ تو یہ ہے کہ میں بھی مہر کی رقم کے بارے میں ہی جاننا چاہتی تھی۔

لیکن بعد میں زندگی کے جھمیلوں میں اس قدر الجھ گئی اور تم نے گھر کی اتنی ساری ذمے داریاں مجھ پر لاد دیں کہ مجھے اس نگوڑے نکاح نامے کو ڈھونڈنے کی مہلت ہی نہ ملی (یہ الگ بات ہے کہ مہر کی رقم نہایت حقیر تھی) تم اپنی دفتری اور سماجی زندگی میں مگن رہے اور مجھے گھر کی چار دیواری میں پھنسا دیا۔ ایک بات بتاؤ کیا

تمہیں سچ مچ یقین آرہا ہے کہ ہماری شادی کو اٹھاون برس ہوگئے ہیں۔ مجھے تو یوں لگ رہا ہے کہ جیسے یہ ابھی کل کی بات یا بہت سے بہت پانچ برس پہلے کی بات ہو"۔ ہم نے کہا"اس کا مطلب یہ ہوا کہ تم نے نہایت کامیاب شادی شدہ زندگی گزاری ہے۔ وقت اچھا اور خوشگوار ہو تو پوری ایک صدی بھی کم سے کم ایک پل یا زیادہ سے زیادہ ایک سال میں گزر جاتی ہے۔ تمہارے احساس کی ندرت اور خیال کی وسعت بتارہی ہے کہ تمہاری شادی شدہ زندگی بے حد کامیاب اور خوشگوار رہی ہے۔ کیونکہ تمہارے احساس کے مطابق اٹھاون برس کا یہ عرصہ چٹکی بجانے میں بیت گیا۔ دیکھا جائے تو مجھے بھی اس بات پر فخر ہے کہ میں نے تمہیں ایسی خوشگوار اور اتنی لمبی ازدواجی زندگی دی"۔ بولیں "میری اس خوشگوار زندگی سے تمہارا کیا تعلق ہے اور تمہیں کس نے اس بات پر فخر کرنے کا موقع عطا کیا۔ مان نہ مان میں تیرا مہمان والی بات ہے۔ بھلا تم نے کولھو کے کسی بیل کو خوشگوار زندگی گزارتے ہوئے دیکھا ہے۔ تم نے بڑی ہوشیاری سے مجھے گھر کے جھمیلوں میں کچھ اس طرح پھنسایا کہ صبح پانچ بجے اٹھتی ہوں تو رات میں گیارہ بارہ بجے سے پہلے اپنی کمر سیدھی کرنے کا موقع نہیں ملتا۔ اس سارے عرصے میں تم علی الصبح سیٹی بجاتے ہوئے گھر سے نکل جاتے رہے اور رات کے پچھلے پہر حسب معمول ویسے ہی سیٹی بجاتے ہوئے واپس بھی آتے رہے۔ بھلا یہ بھی کوئی ازدواجی زندگی ہے۔ یقین مانو پچھلے اٹھاون برسوں میں مجھے اتنی بھی فرصت نہ مل سکی کہ کبھی آئینہ میں جی بھر کے اپنی شکل ہی دیکھ لوں"۔

اس پر ہم نے کہا "یہی وجہ ہے کہ تم آج بھی ویسی ہی دکھائی دیتی ہو جیسے آج سے اٹھاون برس پہلے دکھائی دیتی تھیں۔ تمہیں آئینہ دیکھنے کی کیا ضرورت ہے۔ میں جو تمہیں دیکھ لیتا ہوں"۔ غصے سے بولیں "تمہاری ایسی ہی لفظی اور زبانی جمع خرچ کی وجہ سے مجھے گھر کے جمع خرچ کے سلسلے میں جان کھپانی پڑتی ہے"۔ ہم نے بھی مناسب سمجھا کہ اپنی شادی کی گولڈن جوبلی کے معاملے کو اتنا طول نہ دیں کہ پھر کوئی نیا جھگڑا کھڑا ہو جائے۔

ہمیں ۱۹۵۶ء کا وہ جان لیوا نومبر اچھی طرح یاد ہے جب ہم ابھی طالب علم ہی تھے کہ ہمارے والد بزرگوار مولوی احمد حسین سابق تحصیل دار گلبرگہ اسی مہینے کی آٹھ تاریخ کو اچانک عثمان آباد سے حیدرآباد آئے اور اپنے برادر خورد یعنی ہمارے چچا مولوی محمد غوث سابق تحصیل دار تعلقہ کلم کے ہاں مقیم ہوئے (ہمارے یہ چچا صاحب قبلہ جنھیں ۱۱ نومبر ۱۹۵۶ء کے بعد ہمارے خسر محترم بننے کا شرف بھی حاصل ہوا، ابھی آٹھ برس پہلے ۱۰۲ سال کی عمر میں براہ امریکہ راہی ملک عدم ہوئے۔ خدا انھیں کروٹ کروٹ جنت نصیب کرے)۔ یہ اتفاق ہے کہ اسی نومبر کے پہلے ہفتے میں ہم سے دو سنگین گناہ سرزد ہوئے تھے۔ ایک بار ہم دبیر پورہ کے ایک ہوٹل میں چائے پی کر اور دوسری بات یاقوت محل ٹاکیز سے کوئی فلم دیکھ کر نکل رہے تھے کہ دونوں مرتبہ ہمارے چچا صاحب قبلہ نے ہمیں رنگے ہاتھوں دیکھ لیا۔ ہمارا ماتھا تو اسی وقت ٹھنکا تھا۔ چنانچہ ان سانحات کے تین چار دن بعد ہی ہمارے

والد بزرگوار اچانک حیدرآباد آگئے تو ہم نے تاڑ لیا کہ ہماری بربادی کے مشورے آسمانوں میں ہونے والے ہیں۔ دونوں بھائیوں میں نہ جانے کیا بات چیت ہوئی۔ قیاس اغلب ہے کہ ہمارے چچا نے ہمارے والد بزرگوار کو بتایا ہوگا کہ ہم غلط راستے پر گامزن ہیں، ہوٹلوں اور سینما گھروں میں جانے لگے ہیں، فوراً اسے شادی کے کھونٹے سے باندھ کر راہ راست پر لانا ضروری ہے ورنہ لڑکا ہاتھ سے نکل جائے گا۔ (اس زمانے میں بگڑے ہوئے نوجوانوں کو راہ راست پر لانے اور حد سے زیادہ سیدھے اور سادہ لوح نوجوانوں کو بھی کسی حد تک بگاڑنے کا واحد علاج شادی کو ہی سمجھا جاتا تھا۔ بھئی کیا زمانہ تھا اور کیا علاج تھا)۔ ہمارے والد محترم جہاندیدہ انسان ہونے کے علاوہ شطرنج کے بہترین کھلاڑی بھی تھے۔ انھوں نے فوراً پانسہ پلٹا اور اپنے برادرِ خورد سے کہا "بیٹا میرا ہے تو کیا ہوا تمہارا بھتیجہ بھی تو ہے۔ تم اسے راہ راست پر لانے کے لئے اپنی ہی کسی بیٹی کا ہاتھ اس کے ہاتھ میں کیوں نہیں دے دیتے"۔

اس پر ہمارے چچا کو وہ پرانا مقولہ یاد آیا "سگ باش برادرِ خورد مباش"۔ گئے تو تھے نماز معاف کروانے اُلٹے روزے گلے پڑ گئے۔ پھر انھیں یہ بھی معلوم ہو گیا کہ علاج بالمثل کس کو کہتے ہیں۔ اپنے بڑے بھائی کے حکم کی تعمیل نہ کرنے کی اپنے میں ہمت نہ پا کر انھوں نے نظریں نیچی کر لیں اور ہمارا رشتہ طے ہو گیا۔ مخفی مباد ہمارے والد محترم جہاں زیادہ تر اولادِ نرینہ پیدا کرنے کے قائل تھے وہیں ہمارے چچا

صاحب قبلہ اولادِ نرینہ کے علاوہ اولادِ زرینہ بھی پیدا کرنے کے حامی تھے۔ ان کے ہاں اس وقت 'اسٹاک' میں جو بیٹی پڑی ہوئی تھی وہ بھی اصل میں اتنی بڑی نہیں تھی کیونکہ صرف آٹھویں جماعت کی طالبہ تھی (ویسے ہم بھی تو بی اے کے طالب علم تھے) بالآخر وہی ہمارے حصے میں آئی اور ہماری رفاقت میں پچھلے اٹھاون برسوں سے لگاتار بڑی ہوتی چلی جارہی ہے۔ ہم نے شادی کی پہلی ہی رات کو اپنی نئی نویلی دلہن یعنی اپنی سابق کزن سسٹر کی انگریزی دانی کا اندازہ لگانے کی خاطر ان سے انگریزی میں میرتج کے spelling پوچھے تو بے انتہا شرمانے کے باوجود نہایت اعتماد سے کہا 'MARAGE'۔ ہم نے خوش ہو کر کہا "شاباش! تم تو بہت اچھی انگریزی جانتی ہو۔ اب انگریزی پر اپنی توانائی ضائع نہ کرو بلکہ اردو پر اپنی توجہ مرکوز کرو کیونکہ ہم اردو کے صحافی بننا چاہتے ہیں اور ہم تمہیں اردو بیوی کے روپ میں ہی دیکھنے کے متمنی ہیں"۔ شادی کے بعد ہماری اہلیہ نے بارہا اس خواہش کا اظہار کیا کہ وہ اپنی تعلیم جاری رکھنا چاہتی ہیں مگر ہم نے انھیں باور کرایا کہ تمہیں تعلیم کے حصول کی خاطر اپنا قیمتی وقت برباد کرنے کی کیا ضرورت ہے۔ کیونکہ تمہاری شادی خود ایک ایسے شخص سے ہوئی ہے جو علم کا خزانہ ہے، علم کا منبع ہے بلکہ عالمِ بے عمل ہے۔ ان دنوں ہمارا رویہ بھی ملتِ اسلامیہ کی موجودہ قیادت جیسا تھا جو ملت کی صفوں میں جہالت کو نہ صرف برقرار رکھنا چاہتی ہے بلکہ اسے فروغ دینے کو ضروری سمجھتی ہے کیونکہ اسے اندازہ ہے کہ ملت کی جہالت میں ہی قیادت کی

عافیت مضمر ہے۔

ہمیں ۱۱ نومبر ۱۹۵۶ء کا وہ دن اچھی طرح یاد ہے۔ ہماری شادی کی تاریخ کچھ ایسی عجلت میں طے ہوئی تھی کہ اگرچہ شادی کے دعوت نامے برائے نام چھپوائے گئے تھے لیکن انھیں تقسیم کرنے کی مہلت نہ ملی تھی۔ بزرگوں میں عابد علی خاں صاحب اور ہمارے بڑے بھائی محبوب حسین جگر کے علاوہ چند قریبی رشتے داروں کی شرکت ضرور یاد ہے لیکن ہمارے دوستوں میں دعوت ناموں کے بغیر ہی یہ خبر جنگل کی آگ کی طرح کچھ اس طرح پھیلی کہ لگتا تھا ہماری شادی کے دن عثمانیہ یونیورسٹی کا آرٹس کالج دبیرہ پورہ کے فرحت نگر میں منتقل ہوگیا ہے۔ غرض اٹھاون برس پہلے بھی جب کہ ہم نے اس دنیا میں بمشکل تمام صرف بیس ہی برس گزارے تھے عوام الناس میں ہماری مقبولیت دیدنی تھی۔ مگر ہماری مقبولیت سے کہیں زیادہ ہمارے پرانے چچا اور نئے خسر محترم کی پریشانی دیدنی تھی جنھیں ہمارے ڈھائی تین سو بن بلائے دوستوں کی ضیافت کا اہتمام کرنے کی خاطر نہ صرف دبیر پورہ اور یاقوت پورہ کے سارے ہوٹلوں سے بلکہ پتھر گٹی کے مدینہ ہوٹل سے بھی کھانا منگوانا پڑا تھا۔ مرحوم جب تک زندہ رہے ہماری اس غیر ذمے دارانہ حرکت کے شاکی رہے۔ جہاں وہ اس بات کو تسلیم کرتے تھے کہ ہم نے گھوڑے جوڑے کی کوئی رقم نہیں لی، جہیز وغیرہ بھی نہیں لیا، بہت اچھا کیا لیکن اپنے دوستوں کی ضیافت پر اتنا خرچ کروادیا کہ اس زمانے کے حساب سے کم از کم دو اور بیٹیوں کی شادی کا

بندوبست ہو سکتا تھا۔ خدا کے فضل سے ہم نے بعد کی زندگی بھی اسی غیر ذمے دارانہ آن بان اور شان کے ساتھ گزاری۔ یوں بھی اب ہماری زندگی کا دریا وقت کے سمندر میں ملا چاہتا ہے۔ اس کا حال جان کر آپ کیا کریں گے۔ اچھی بات یہ ہوئی کہ اس طویل سفر میں ہم نے اور ہماری 'نصف بہتر' دونوں نے بے سروسامانی، بے اطمینانی کو ہی اطمینان ابتر کو بہتر اور بدحالی کو خوشحالی سمجھنے کا ہنر سیکھ لیا۔

دیکھو ہم نے ایسے بسر کی اس آباد خرابے میں

***

٦

سوئز بینک میں کھاتہ ہمارا

حضرات! میں کسی مجبوری اور دباؤ کے بغیر پورے ہوش و حواس کے ساتھ یہ اعلان کرنا چاہتا ہوں کہ سوئزر لینڈ کے ایک بینک میں میرا اکاونٹ موجود ہے۔ آپ اس بات کو نہیں مانتے نہ مانئے۔ میری بیوی بھی پہلے اس بات کو نہیں مانتی تھی۔ اب نہ صرف اس بات کو مان رہی ہے بلکہ مجھے بھی ماننے لگی ہے۔ آپ یقیناً یہ سوچ رہے ہوں گے کہ جب سارے لوگ اپنے کھاتوں کو پوشیدہ رکھنے کے سو سو جتن کر رہے ہیں تو ایسے میں مجھے اپنے آپ ہی اپنے کھاتے کی موجودگی کا اعلان کرنے کی ضرورت کیوں پیش آرہی ہے۔ اس کے لئے میں بات کو ذرا شروع سے شروع کرنا چاہتا ہوں۔ تین مہینے پہلے کی بات ہے۔ ایک دن میں دفتر سے بے حد تھکا ماندہ گھر پہنچا تو بیوی نے کہا "آپ جو اتنا تھک جاتے ہیں تو اس کا مطلب یہ ہے کہ آپ دفتر میں کام بھی کرتے ہیں"۔ میں نے کہا "بھلا یہ بھی کوئی پوچھنے کی بات ہے۔ آدمی محنت کرنے سے ہی تو تھکتا ہے۔ یہی وجہ ہے کہ آج تک میں نے کسی سیاستداں اور

مولوی کو تھکاماندہ نہیں پایا"۔ بولی "آدمی محنت کرتا ہے تو پھر اسے اس کا صلہ بھی ملتا ہے۔ تم جو اتنی محنت کرتے ہو تو تمہیں کیا مل رہا ہے؟"

ظاہر ہے کہ اس مشکل سوال کا آسان جواب ملک کے ماہرین معاشیات کے پاس بھی نہیں ہے تو میں کیا خاک جواب دیتا۔ سو میں خاموش ہو گیا۔ میں نے سوچا کہ پچپن برس کی رفاقت میں، مَیں نے اپنی بیوی کو روز کی خوشیاں اُسی روز دینے کے سوائے اور کیا کیا ہے۔ اس کی جھولی میں ایک ایک دن اور ایک ایک پل کے حساب سے جمع کیا ہوا پچپن برسوں کے عرصہ پر پھیلا ہوا ماضی تو ہے لیکن آنے والے کل کا کوئی ایسا لمحہ نہیں ہے جسے عام زبان میں خوش آیند مستقل کہتے ہیں۔ میں نے سوچا کہ چلو آج اسے تھوڑا سا مستقبل بھی دے دیتے ہیں۔ لہذا میں نے کہا "یہ تم کیا محنت اور اس کے صلہ کے پیچھے حیران ہو رہی ہو۔ آج میں تمہیں ایک خوش خبری سنانا چاہتا ہوں کہ سوئزرلینڈ کے ایک بینک میں میرا اکاونٹ موجود ہے"۔ یہ سنتے ہی میری بیوی کا منہ حیرت سے کھلا کا کھلا رہ گیا۔ بڑی دیر بعد جب وہ بند ہوا تو اس نے اچانک گھر کے دروازے اور کھڑکیاں بند کرنا شروع کر دیں۔ میں نے کہا "یہ کیا کر رہی ہو؟"

بولی "سوئزرلینڈ کے بینک کے کھاتے کی بات کوئی یوں کھلم کھلا کرتا ہے۔ اگر بفرض محال سوئزرلینڈ کے کسی بینک میں تمہارا کھاتہ ہے بھی تو تمہیں اس کا اعلان کرنے کی کیا ضرورت ہے۔ اگر مجھے اس کھاتے کا سراغ لگانا ہو تو میں کسی خفیہ ایجنسی

کے ذریعہ اس کا پتہ لگا سکتی ہوں یا پھر ایک دن ملک کے کسی اخبار میں خود بخود اس کی خبر چھپ جائے گی۔ مگر پہلے یہ بتاؤ کیا سچ مچ سوئزر لینڈ کے بینک میں تمہارا کھاتہ موجود ہے ؟"۔

میں نے کہا" سچ بتاؤ آج تک میں نے کبھی تم سے جھوٹ کہا ہے"

بولی"سو تو ہے۔ مگر یہ کھاتہ تم نے کھولا کب ؟"

میں نے کہا" تیس سال پہلے جب میں یوروپ گیا تھا"

میرے اس جواب نے میری بیوی کو اور بھی حیرت میں ڈال دیا کیوں کہ اسے پتہ تھا کہ جب میں یوروپ کے لئے روانہ ہوا تھا تو میری جیب میں صرف بیس ڈالر تھے۔ اگرچہ حکومت نے مجھے اجازت دی تھی کہ اگر میں بیرونی زرمبارلہ حاصل کرنا چاہوں تو پانچ سو ڈالر تک خرید سکتا ہوں۔ لیکن بیرونی کرنسی خریدنے کے لئے پہلے مجھے ہندوستانی کرنسی کی ضرورت تھی۔ بیرونی کرنسی تو مجھے مل رہی تھی لیکن اصل سوال ہندوستانی کرنسی کا تھا۔ یہ تو آپ بھی جانتے ہیں کہ ہندوستان میں رہ کر ہندوستانی کرنسی کو حاصل کرنا کتنا مشکل کام ہے۔ اتنے میں میری بیوی دنیا کا نقشہ اٹھا کر لے آئی اور بولی "ذرا دکھاؤ تو سہی۔ یہ موا سوئزر لینڈ ہے کہاں؟ اور اس میں ہمارا اکاونٹ کہاں رکھا ہوا ہے ؟"۔ میں نے دنیا کے نقشہ میں اسے سوئزر لینڈ کو دکھانے کی کوشش شروع کردی۔ لیکن کمبخت سوئزر لینڈ اتنا چھوٹا نکلا کہ اس پر جب جب انگلی رکھتا تھا تو پورے کا پورا سوئزر لینڈ غائب ہو جاتا تھا۔ بالآخر قلم کی

نوک سے سوئزرلینڈ کے حدود واربعہ اس پر واضح کئے تو بولی "یہ تو اتنا چھوٹا ہے کہ اس میں کسی بینک کی عمارت شاید ہی سما سکے۔ ہمارے بینک اکاونٹ کے سمانے کا نمبر تو بعد میں آئے گا"۔ میں نے کہا "تم ٹھیک کہتی ہو۔ مجھے یاد ہے کہ میں اپنے دوست کے ساتھ جنوبی فرانس کے راستہ سے بذریعہ موٹر سوئزرلینڈ میں داخل ہوا تھا۔ اس ملک کا اتنا ذکر سنا تھا کہ سوچا کہ ذرا اس ملک کے اندر پہنچ کر اس کا دیدار کر لیتے ہیں۔ میرا دوست موٹر بہت تیز چلاتا ہے۔ تھوڑی دیر بعد سڑک پر کچھ سپاہیوں نے ہمیں روک لیا اور پوچھا "کہاں کا ارادہ ہے"۔

عرض کیا "اک ذرا سوئزرلینڈ تک جانے کا ارادہ ہے"۔ سپاہیوں نے کہا "قبلہ ! آپ جہاں جانا چاہتے ہیں وہاں سے آپ واپس جا رہے ہیں"۔ چار و ناچار ہمیں پھر سوئزرلینڈ میں واپس ہونا پڑا اور موٹر کی رفتار دھیمی کرنی پڑی کہ کہیں ہم تیز رفتاری میں کسی اور ملک میں نہ نکل جائیں۔ بیوی نے کہا "مگر تم تو سوئزرلینڈ سیر سپاٹے کے لئے گئے تھے۔ وہاں کے پہاڑ اور قدرتی مناظر دیکھنے گئے تھے۔ یہ اکاونٹ کھولنے والا معاملہ کب ظہور میں آیا؟"

میں نے کہا "بیگم ! کان کھول کر سن لو۔ یہ پہاڑ اور قدرتی مناظر سب بہانے بنانے کی باتیں ہیں۔ آج تک کوئی سوئزرلینڈ صرف پہاڑ دیکھنے کے لئے نہیں گیا۔ پہاڑ کی آڑ میں وہ کچھ اور کرنے جاتا ہے۔ سوئزرلینڈ کے پہاڑ اس لئے اچھے لگتے ہیں کہ ان کے دامن میں سوئزرلینڈ کے وہ مشہور و معروف بینک ہیں جن میں اپنا پیسہ

جمع کرانے والے کی بیوی تک کو معلوم نہیں ہوتا کہ اس میں اس کے شوہر کا پیسہ جمع ہے۔ ایک صاحب کہہ رہے تھے کہ بعض صورتوں میں تو خود بینک کے انتظامیہ کو بھی پتہ نہیں ہوتا کہ اس کے بینک میں کس کا کتنا پیسہ جمع ہے۔ ان بینکوں کو وہاں سے ہٹالو تو سوئزر لینڈ کے قدرتی مناظر اور پہاڑیوں کی ساری خوبصورتی دھری کی دھری رہ جائے۔ سچ تو یہ ہے کہ جس نے پہلگام اور گل مرگ اور پیر پنجال میں ہمالیہ کے پہاڑ دیکھے ہیں اسے سوئزر لینڈ کے پہاڑ کیا پسند آئیں گے۔ رہی برف کی بات تو اسے تو ہم ہر روز اپنے ریفریجریٹر میں دیکھتے ہی ہیں۔ اب بتاؤ سوئزر لینڈ میں کیا رہ جاتا ہے"۔ بیوی نے کہا "تو اس کا مطلب یہ ہوا کہ تم سوئزر لینڈ صرف اپنا کھاتہ کھلوانے گئے تھے"۔

میں نے کہا "اور کیا؟ پہاڑ دیکھنے تھوڑی گیا تھا"۔

بولی "جب کھاتہ کھلوانا ہی تھا تو ہندوستان کے کسی بینک میں رقم جمع کراتے"۔

میں نے کہا "کیا تم نہیں جانتیں کہ ہمارے بینکوں کی کیا حالت ہے۔ آئے دن تو ڈاکے پڑتے رہتے ہیں۔ لوگ بینکوں کے کھلنے کا اتنا انتظار نہیں کرتے جتنا کہ ڈاکو ان بینکوں کے بند ہونے کا انتظار کرتے ہیں۔ پھر سوئزر لینڈ میں بینک کا کھاتہ کھولنے کا لطف ہی کچھ اور ہے"۔

اور یوں میں نے ایک خوش آئند مستقبل کے کچھ لمحے اپنی بیوی کو سونپ دئے۔ اس بات کو ہوئے تین مہینے بیت گئے۔ نہ تو اس نے مجھ سے اکاونٹ نمبر

پوچھا۔ نہ اکاونٹ کا خفیہ نام اور ہی یہ پوچھا کہ اس اکاونٹ میں کتنی رقم جمع ہے۔ یہ ضرور ہے کہ پچھلے کچھ مہینوں سے وہ بہت خوش ہے۔ اس کی زندگی میں ایک ایسا خوشگوار اعتماد پیدا ہو چکا ہے جس کی نظیر پچھلے پچپن برسوں میں مجھے کبھی نظر نہ آئی۔ البتہ یہ ضرور ہے کہ اس اعتراف کے بعد میں اپنے آپ میں اعتماد کی کمی محسوس کر رہا ہوں۔

حضرات! یہ تو آپ بخوبی جانتے ہیں کہ بینکوں سے میرا کتنا تعلق ہو سکتا ہے۔ ایک محفل میں ایک مشہور و معروف ادیب سے ایک مشہور و معروف بینکر کا تعارف کرایا گیا تو بینکر نے ادیب سے کہا "آپ سے مل کر بڑی خوشی ہوئی لیکن بدقسمتی یہ ہے کہ میں نے آج تک آپ کی کوئی کتاب نہیں پڑھی"۔ اس پر ادیب نے کہا "مجھے بھی آپ سے مل کر بڑی خوشی ہوئی لیکن میری بدقسمتی یہ ہے کہ آج تک میں کسی بینک میں داخل نہیں ہوا"

اس صورت حال کے باوجود سوئزر لینڈ کے ایک بینک میں میرا کھاتہ موجود ہے اور اس معاملہ کو آپ سب کے سامنے رکھنے کی وجہ صرف اتنی ہے کہ پچھلے چند مہینوں سے میں عجیب و غریب کیفیت سے گذر رہا ہوں۔ جیسا کہ آپ جانتے ہیں کہ میں نے پوری رازداری اور ایمانداری کے ساتھ اپنے کھاتہ کی اطلاع اپنی بیوی کو دی تھی۔ مجھے یقین تھا کہ وہ خاندان کے اس راز کو اپنے سینے میں چھپائے رکھے گی مگر رفتہ رفتہ مجھے احساس ہونے لگا کہ اس راز کی روشنی میرے گھر کے اطراف دھیرے

دھیرے پھیلنے لگی ہے۔ ایک مہینے پہلے کی بات ہے۔ میں محلہ کی ایک دکان سے موزے خریدنے گیا تھا۔ مجھے موزوں کی ایک جوڑی پسند تو آئی لیکن دکاندار نے اس کی جو قیمت بتائی وہ ہندوستان میں میرے موجودہ بینک بیلنس کی بساط سے باہر تھی۔ دکاندار نے مجھے آنکھ مار کر کہا" صاحب آپ یہ موزے لے لیجئے۔ بیس پچیس روپے کے فرق پر نہ جایئے۔ باقی پیسے بعد میں دیجئے جب سوئزرلینڈ سے آپ کا پیسہ آجائے گا"۔ تھوڑی دیر کے لئے میں چونک سا گیا لیکن سوچا کہ ان دنوں چونکہ سوئزرلینڈ کے بینکوں کا بہت چرچا ہے اس لئے دکاندار نے مذاق میں یہ بات کہی ہوگی۔ پھر میں نے محسوس کیا کہ محلہ کے وہ لوگ جو مجھ سے منہ چھپاتے تھے یا مجھ سے کتراتے تھے، نہ صرف اپنا منہ دکھانے لگے ہیں بلکہ ضرورت سے زیادہ سلام بھی کرنے لگے ہیں۔ پڑوسیوں کے بارے میں تو آپ جانتے ہیں کہ یہ صرف آپ کی خوشیوں میں بڑھ چڑھ کر حصہ لیتے ہیں۔ اور اگر آپ کی زندگی میں دکھ نہ ہو تو انہیں پیدا کرنے کی کوشش بھی کرتے ہیں۔ یہ پڑوسی اب مجھے عجیب و غریب نظروں سے دیکھتے ہیں۔ میرے ایک پڑوسی کپڑوں کا کاروبار کرتے ہیں لیکن کاروبار کرنے کا ڈھنگ کچھ ایسا ہے جیسے سارے ملک کو ننگا کر کے چھوڑیں گے۔ پیسے کی وہ ریل پیل ہے کہ نہ جانے اتنا پیسہ کہاں رکھتے ہیں۔ بیس برس کے پڑوسی ہیں لیکن ان سے تعلقات صرف پچھلے دو مہینوں میں ہی قائم ہوئے۔ ان کی بیوی ان دنوں میری بیوی کی سب سے اچھی اور چہیتی سہیلی بنی ہوئی ہے۔ دو تین مرتبہ مجھے بھی اپنے گھر

بلا چکے ہیں۔ جب بھی بلاتے ہیں میرے ساتھ وہ سلوک کرتے ہیں جو اہل غرض بے ایمان وزیروں کے ساتھ روا رکھتے ہیں۔ پچھلے ہفتہ میری بیوی نے بتایا کہ میرے پڑوسی کی بیوی اس سے یہ جاننا چاہتی ہے کہ سوئزرلینڈ کے بینک میں کھاتہ کھولنے کا کیا طریقہ ہے۔

میں نے کہا "انہیں کیسے معلوم ہوا کہ میرا کھاتہ سوئزرلینڈ کے بینک میں موجود ہے"۔ بیوی نے کہا "تم بھی کیسی باتیں کرتے ہو۔ انہیں کیسے پتہ چل سکتا ہے کہ سوئزرلینڈ کے بینک میں تمہارا کھاتہ ہے۔ تم چونکہ پڑھے لکھے آدمی ہو اسی لئے تم سے کھاتہ کھولنے کا طریقہ جاننا چاہتے ہوں گے۔ بتانے میں کیا حرج ہے۔ آخر کو پڑوسی ہیں"۔ میں نے کہا "پڑوسی تو بیس برس سے ہیں۔ لیکن پڑوسیوں کا سا سلوک صرف پچھلے دو مہینوں سے کیوں کر رہے ہیں؟" پھر بھی میں نے کھاتہ کھولنے کا طریقہ انہیں بتادیا۔ یہاں تک تو خیر ٹھیک تھا۔ پرسوں ایک عجیب و غریب واقعہ پیش آیا۔ میں صبح ڈرائنگ روم میں بیٹھا داڑھی بنارہا تھا کہ ایک بھکاری حسب معمول میرے گھر پر آواز لگانے لگا۔ دوسری بھکاری نے جو میرے پڑوسی کے گھر پر کھڑا تھا میرے گھر کے سامنے کھڑے ہوئے بھکاری سے کہا "میاں! اس گھر پر آواز لگا کر کیوں اپنا وقت اور گلا ضائع کرتے ہو۔ ان کا تو سارا پیسہ سوئزرلینڈ میں ہے۔ ناحق کیوں انہیں تنگ کرتے ہو"۔ پانی اب میرے سر سے اونچا ہو چکا تھا۔ میں نے فوراً اپنی بیوی کو طلب کیا اور کہا "تمہیں یاد ہوگا کہ تین مہینے پہلے میں نے تمہیں اس

راز سے واقف کرایا تھا کہ سوئزرلینڈ کے ایک بینک میں میرا اکاونٹ موجود ہے"۔ بیوی نے کہا"یاد رکھنے کی بات کرتے ہو۔ میں تو دن کے چوبیسوں گھنٹے اس بات کو یاد رکھتی ہوں۔ تمہیں اب اچانک اس اکاونٹ کی کیوں یاد آگئی۔ تم نے پہلی بار اپنے اکاونٹ کا جو اعتراف کیا تھا کیا وہ غلط تھا؟"

میں نے کہا"غلط تو نہیں تھا مگر میرا اعتراف ادھورا تھا۔ میں نے تمہیں اپنے کھاتے کا نمبر، کھاتے کا خفیہ نام اور کھاتے میں جمع رقم کے بارے میں کچھ بھی نہیں بتایا تھا"۔ بیوی نے کہا"میں اچھی طرح جانتی ہوں کہ تمہارے کھاتے کا نمبر چار سو بیس ہے، کھاتہ کا خفیہ نام"گوبھی کا پھول"ہے اور یہ کہ اس کھاتے میں سوئزرلینڈ کے صرف دس مارک جمع ہیں"۔ میں نے حیرت سے پوچھا"تمہیں کس نے بتایا؟"۔ بولی"میں نے اس سلسلہ میں ایک خفیہ ایجنسی کی خدمات حاصل کی تھیں۔ 'فیرسیکس' نام ہے اس کا۔ سوئزرلینڈ کے کھاتوں کا سراغ اسی طرح لگایا جاتا ہے"۔ میں نے کہا"بات دراصل یہ تھی کہ سوئزرلینڈ میں جب مجھے دیکھنے کو کچھ بھی نہیں ملا اور وہاں سے واپس چلتے وقت میری جیب میں دس سوئس مارک بچ رہے تھے تو میں نے سوچا کہ کیوں نہ اس رقم کو سوئزرلینڈ کے کسی بینک میں جمع کرادوں۔ ہندوستان میں یہ سہولت ہے کہ کسی تاریخی مقام کو دیکھنے جاتے ہیں تو اس مقام پر اپنا نام بھی لکھ کر آسکتے ہیں تاکہ نہ صرف سند رہے بلکہ اپنی نشانی بھی موجود رہے۔ سوئزرلینڈ میں مجھے یہ سہولت میسر نہیں تھی لہذا میں نے نشانی کے طور پر اپنا

اکاونٹ کھول دیا۔ یہ کوئی اہمیت کی بات نہیں ہے اور تمہیں بھی اسے اہمیت نہیں دینا چاہیئے۔ اب تو میں اس اکاونٹ کو بند کرنے کی سوچ رہا ہوں"۔

بیوی نے کہا "خبردار! جو اس اکاونٹ کو بند کیا تو۔ آج سے اسے بھی جوائنٹ اکاونٹ ہی سمجھو۔ ان دنوں سماج میں عزت اسی کی ہے جس کا سوئزرلینڈ کے بینکوں میں اکاونٹ ہو۔ تیس برس پہلے جب تم سوئزرلینڈ گئے تھے تو ہندوستان میں سوئزرلینڈ کے بینکوں کا اتنا کریز نہیں تھا۔ تم نے تو جذباتی ہو کر غفلت میں اس اکاونٹ کو کھولا تھا۔ مجھے کیا پتہ تھا کہ کبھی تمہاری غفلت سے فائدہ بھی پہنچ سکتا ہے۔ تم یقین کرو سوئزرلینڈ کے بینک میں جمع کئے ہوئے تمہارے دس سوئز مارک، ہندوستان میں دس کروڑ کے برابر ہیں۔ دیکھتے نہیں سماج میں تمہاری کتنی عزت ہو رہی ہے۔ کتنی تو دعوتیں کھا چکے ہو۔، دکاندار ادھار تک دینے لگے ہیں۔ جو لوگ برابری کے ساتھ ملتے تھے وہ اب جُھک جُھک کر ملنے لگے ہیں۔ اور تو اور محلہ کے لیڈیز کلب کی چیئرپرسن کے طور پر آج میرا بلا مقابلہ انتخاب ہونے والا ہے۔ یہ سب کس کی بدولت ہے۔ ذرا سوچو تو ملک کے سارے شرفا اپنے اکاونٹ سوئزرلینڈ کے بینکوں میں کھولنے لگے ہیں اور تم اپنا کھاتہ بند کرنے چلے ہو۔ خدا کا شکر ادا کرو کہ ایک اتفاقی غلطی سے تمہارا شمار بھی شرفا میں ہونے لگا ہے۔ ورنہ زندگی بھر یونہی جوتیاں چٹخاتے پھرتے۔ یہ میری گزارش نہیں حکم ہے کہ اکاونٹ اب بند نہیں ہوگا"۔

یہ کہہ کر میری بیوی لیڈیز کلب کی چیئر پرسن کے انتخاب میں حصہ لینے کے لئے چلی گئی اور میں دنیا کے نقشہ میں پھر سے سوئزر لینڈ کو تلاش کرنے لگا۔

***

۷

ہمارے گھر پر چھاپہ

کل رات ہم نے ایک عجیب و غریب خواب دیکھا۔ اس خواب کی تفصیل آپ کو بھی سنائے دیتے ہیں۔ ملاحظہ فرمائیں۔

ہم رات کے پچھلے پہر اپنے کمرہ میں گہری نیند سے لطف اندوز ہو رہے تھے کہ ہماری بیوی نے ہمیں جگاتے ہوئے کہا "ذرا سنئے، دیکھئے تو سہی ہمارے گھر چھاپہ مارنے والے آگئے ہیں"۔ ہم نے کروٹ بدلتے ہوئے کہا "ان سے کہو معاف کریں اور آگے جائیں"۔ بیوی نے کہا "آپ کو غلط فہمی ہوئی ہے۔ یہ وہ لوگ نہیں ہیں جو معاف کردیتے ہیں۔ یہ تو چھاپہ مارنے والے ہیں۔ ان کا معافی سے کیا تعلق؟"۔ ہم نے ایک اور کروٹ بدلتے ہوئے کہا "کون سے چھاپہ مارنے والے؟ ان دنوں چھاپہ مارنے والے بھی کئی قسم کے ہوگئے ہیں۔ انکم ٹیکس کے چھاپہ مار، سی بی آئی کے چھاپہ مار، انفورسمنٹ ڈائرکٹوریٹ، کمرشیل ٹیکس اور نہ جانے کس کس کے چھاپہ مار۔ پہلے پتہ تو کرو کہ کس ڈپارٹمنٹ سے آئے ہیں"۔ ہماری بیوی نے کہا "تم خود جا

کر پوچھ لو۔ میں پوچھوں گی تو کہیں واپس نہ چلے جائیں۔ مجھے تو صورت سے یہ چھاپہ مارنے والے کم اور۔۔۔!"

اس وقت تک ہم نیند کے خمار سے نکل آئے تھے۔ جب ہمیں پتہ چلا کہ ہمارے گھر سچ مچ چھاپہ مارنے والے آئے ہیں تو ہماری خوشی کا کوئی ٹھکانہ نہیں رہا۔ ہم نے بیگم سے کہا "میں نہ کہتا تھا ایک دن ہمارا شمار بھی بڑے آدمیوں میں ہو گا۔ خدا کا شکر ادا کرو کہ آج اس نے ہمیں یہ اعزاز بخشا ہے۔ اگرچہ لکشمی کبھی ہمارے گھر نہیں آئی لیکن چھاپہ مارنے والے تو آگئے ہیں، تم جلدی جلدی ان سارے احباب اور رشتہ داروں کو اس خوش خبری کی اطلاع دے دو جو ہمیں دیکھ دیکھ کر بلاوجہ حسد کی آگ میں جلتے رہتے ہیں۔ انہیں مزید جلانے کا اس سے بہتر کوئی اور موقع نہیں ہو سکتا" بیگم نے کہا "کیسے اطلاع دوں۔ ٹیلی فون کا بل بروقت ادا نہ کرنے کی وجہ سے آج ہی تو ہمارا ٹیلی فون کٹا ہے۔ کتنی بار تم سے کہا کہ ہمارے ٹیلی فون کا یوں بار بار کٹ جانا اچھا نہیں۔ کوئی بھی ایمر جنسی آسکتی ہے"۔ ہم نے کہا "تم پڑوسی کے یہاں جا کر ٹیلی فون کرو۔ میں اتنی دیر میں چھاپہ مارنے والوں سے نمٹتا ہوں"۔

ہم دیوان خانہ میں آئے تو دیکھا کہ چار پانچ اصحاب دیوان خانہ کی ہر چیز کو نہایت غور سے دیکھ رہے ہیں اور دیکھنے سے زیادہ انہیں پرکھ رہے ہیں۔ ان کے افسر اعلیٰ نے ہم سے کہا "معاف کیجئے ہم آپ کے گھر چھاپہ مارنے کے لئے آئے ہیں"۔

ہم نے کہا "زہے نصیب۔ ضرور چھاپہ ماریئے۔ ہمیں تو آپ ہی کا انتظار تھا"۔ افسر نے کہا "اس کا مطلب یہ ہوا کہ آپ کو ہماری آمد کا پہلے ہی سے پتہ تھا"۔ ہم نے کہا "آپ بھی کیسی باتیں کرتے ہیں۔ اگر آپ کی آمد کا پہلے سے پتہ ہوتا تو ہم آپ کو یوں سوتے ہوئے ملتے۔ ہم تو آپ کے خیر مقدم کے لئے گھر پر چراغاں کرتے اور گلی کے نکڑ پر ایک خیر مقدمی کمان تو کھڑی کر دیتے"۔

افسر اعلی: "دیکھئے مذاق بند کیجئے۔ پہلے ہم آپ کے گھر کی تلاشی لینا چاہتے ہیں"۔ ہم: "ضرور لیجئے مگر اسی بھی کیا جلدی ہے۔ پہلے چائے وغیرہ تو پیجئے۔ ہم نے اپنے کچھ صحافی دوستوں اور فوٹو گرافروں کو فون پر اطلاع دینے کے لئے کہا ہے کہ وہ جلد از جلد یہاں آجائیں۔ وہ آجائیں تو تلاشی شروع کر دیجئے"۔

افسر اعلی: "آپ نے صحافیوں اور فوٹو گرافروں کو کیوں بلایا۔ آپ بھی عجیب آدمی ہیں۔ لوگ تو چھاپے کی اطلاع کو چھپانے کی کوشش کرتے ہیں"۔

ہم : "یہ کیسے ہو سکتا ہے کہ ہمارے گھر چھاپہ پڑے اور اس کی اطلاع اخباروں میں نہ آئے۔ پھر چھاپہ روز روز تو پڑنے سے رہا۔ اخبار والے آجائیں تو ذرا مزہ آجائے گا۔ ہمارے گھر سے اگر کوئی چیز نہ بھی ملے تو اخبار والے اپنی خبر میں نکال لیں گے۔ اس طرح ہماری عزت اور احترام میں اضافہ ہو گا"۔

چھاپہ مار ٹیم کا افسر ہم سے یہ بات چیت کر ہی رہا تھا کہ اچانک کسی چیز کے گرنے کی آواز آئی۔ دیکھا تو معلوم ہوا کہ ٹیم کے ایک کارندے نے ہماری وہ

لاقیمت اور بے مثال دیواری گھڑی گرادی ہے جو ہمیں اپنے والد سے اور ہمارے والد کو ان کے والد سے ورثہ میں ملی تھی۔ یہ گھڑی فرانس کے ایک گھڑی ساز نے ۱۸۵۷ء میں اس وقت تیار کی تھی جب ہندوستان کی پہلی جنگ آزادی لڑی جارہی تھی۔ ہمارے پاس یہ گھڑی پچھلے پچاس برسوں سے تھی۔ اس سے پہلے یہ ہمارے والد کے پاس تھی۔ ان کا بیان تھا کہ ان کے پاس یہ گھڑی کبھی نہیں چلی۔ لگ بھگ سو برس سے یہ گھڑی دس بج کر پینتیس منٹ بجارہی تھی۔ یہ معلوم نہیں تھا کہ دن کے دس بج کر پینتیس منٹ بجارہی تھی یا رات کے۔ البتہ مشہور یہ تھا کہ جس وقت ہمارے دادا کا انتقال ہوا تھا عین اس وقت ہمارے ایک تایا نے اس گھڑی کو چلنے سے روک دیا تھا۔ گویا پچھلے سو برس سے وہ ہمارے اہل خاندان کو ہمارے دادا کے مرنے کا وقت بتارہی تھی۔ ہمارے والد صاحب کہا کرتے تھے کہ بھلے ہی یہ گھڑی نہ چلے لیکن اس میں ایک خوبی یہ ہے کہ دن میں دو دفعہ بالکل صحیح وقت بتاتی ہے۔ دیگر گھڑیوں کی طرح بالکل نہیں تھی جو دن کے کسی بھی وقت میں صحیح وقت نہیں بتاتیں۔ تاہم اس گھڑی میں ہم وقت نہیں دیکھتے تھے بلکہ اپنے اسلاف کے کارناموں کو ڈھونڈتے تھے۔ جیسے ہی یہ دیوار ی گھڑی گری ہمارے پیروں تلے سے زمین نکل گئی۔ ہم نے کارندے کو جا کر پکڑا کہ میاں جب تک اس گھڑی کا معاوضہ ہمیں ادا نہیں کیا جاتا تب تک ہم تمہیں کسی اور چیز کو ہاتھ لگانے نہیں دیں گے اور مزید تلاشی کی اجازت نہیں دیں گے۔ افسر اعلیٰ نے مداخلت کرتے ہوئے

کہا" آپ اطمینان رکھیں آپ کو اس گھڑی کا معاوضہ مل جائے گا"۔ ہم نے کہا" مگر معاوضہ کیا ہو گا۔ پہلے یہ تو طے کیجئے"۔

افسر اعلی نے گھڑی کے ٹوٹے ہوئے پرزوں کا جائزہ لینے کے بعد کہا" آپ کو اس کے پچاس روپئے مل جائیں گے"۔

ہم نے چیخ کر کہا" کیا کہا پچاس روپئے۔ بھائی صاحب میں اس گھڑی کے پچاس لاکھ روپئے سے کم نہیں لوں گا۔ آپ نے اس گھڑی کو کیا سمجھا ہے۔ ہمارے باپ دادا کی نشانی ہے۔ جس فرانسیسی کاریگر نے یہ گھڑی بنائی تھی اگر اس کے اہل خاندان کو اس گھڑی کا پتہ چل جائے تو وہ کروڑوں روپیوں میں اسے ہم سے خرید لیں گے"۔ ہم یہ بحث کر ہی رہے تھے کہ کچھ صحافی حضرات اور فوٹو گرافر وہاں آگئے۔ ہم نے انہیں سارا ماجرا کہہ سنایا اور بتایا کہ اس قدیم گھڑی کے دام پر ہم میں اور چھاپہ مارنے والوں میں اختلاف رائے پیدا ہو گیا ہے۔ وہ ہمیں پچاس روپئے دینا چاہتے ہیں اور ہم اس کے پچاس لاکھ سے کم نہیں لینا چاہتے۔ وہ تو اچھا ہوا کہ ایک جہاندیدہ صحافی نے اس گھڑی کے ٹوٹے ہوئے کل پرزوں کا بغور جائزہ لینے کے بعد کہا کہ اس کا دام آسانی سے ایک کروڑ روپئے بھی تعین کیا جاسکتا ہے لیکن جب تم نے پچاس لاکھ روپئے طے کر دیا ہے تو چلو یہی سہی۔ اس گھڑی کی قیمت اس کے کل پرزوں سے نہیں بلکہ اس کی عمر سے لگائی جانی چاہئے۔ بھلے ہی وہ بیسویں صدی میں ایک منٹ کے لئے نہیں چلی لیکن اس نے پوری ایک پُر آشوب صدی کو گزرتے

ہوئے دیکھا ہے۔ اس گھڑی سے تمہارے ارکان خاندان کا جو جذباتی رشتہ ہے وہ ایسا بیش قیمت ہے کہ اس کا معاوضہ تو کوئی ادا کر ہی نہیں سکتا۔ پھر بھی تم نے کہہ دیا ہے تو پچاس لاکھ روپئے لے کر معاملہ کو رفع دفع کرو۔

اس استدلال کے بعد افسر اعلی نے اپنی ٹیم کے کارندوں سے کہا کہ وہ چھاپہ مارنے کی مہم کو روک دیں۔ کہیں لینے کے دینے نہ پڑ جائیں۔ ہم نے چھاپہ مارنے والوں کے یہ تیور دیکھے تو کہا "حضور! آپ کو اب چھاپہ تو مارنا ہی پڑے گا۔ اب تو صحافی اور فوٹو گرافر بھی آچکے ہیں۔ ہم آپ کو یوں جانے نہیں دیں گے۔ پھر آپ کی ٹیم نے تو ابھی اس گراموفون کو نہیں دیکھا ہے جو ہمیں اپنے نانا کی طرف سے ورثہ میں ملا ہے۔ بخدا ایسا تاریخی اور یادگار گراموفون ہے کہ آپ اسے دیکھیں گے تو حیران رہ جائیں گے۔ کچھ لوگوں کا تو یہاں تک کہنا ہے کہ یہ گراموفون اس وقت کا بنا ہوا ہے جب ابھی سائنسدانوں نے خود گراموفون کو ایجاد نہیں کیا تھا۔ اگر خدا کرے یہ کسی طرح ٹوٹ جائے تو ہمارے خاندان کو کم از کم ایک کروڑ روپئے ضرور دلا سکتا ہے۔ ہماری بات کو سن کر افسر اعلی نے پہلے تو ہم سے یہ پتہ کیا کہ گراموفون مذکور کہاں رکھا ہوا ہے اور جب اس کے محل وقوع کا پتہ چل گیا تو اس نے اپنے کارندوں سے کہا کہ "خبردار! جو کوئی اس گراموفون کے قریب گیا تو۔ یہ ایک عجیب و غریب گھر ہے یہاں ٹوٹنے سے پہلے کسی چیز کا دام تو پچاس روپئے ہوتا ہے۔ لیکن یہی جب ٹوٹ جائے تو اس کا دام پچاس لاکھ ہو جاتا ہے۔ لہذا چھاپہ مارنا

بند کرو!"۔

ہمارے بچوں نے کہا "یہ کیسے ہو سکتا ہے کہ آپ چھاپہ نہ ماریں، آپ کو چھاپہ تو مارنا ہی پڑے گا۔ ہم تو کب سے آپ کا انتظار کر رہے ہیں"۔ ایک بچہ نے کہا "میرا ایک بال پین پچھلے ایک ہفتہ سے غائب ہے۔ آپ کو تلاشی میں ملے تو واپس کر دینا"۔ ہماری بیوی نے کہا "اور ہاں ہماری پوتی کی ایک انگوٹھی کہیں گر گئی ہے۔ بہت تلاش کیا لیکن پتہ نہیں چلا۔ آپ لوگ تو ماہر ہیں۔ آپ کو یہ انگوٹھی ملے تو ضرور دے دیں"۔ ہم نے کہا "ہماری بھی بعض ضروری چیزیں غائب ہیں۔ یہ فہرست ہم آپ کو بعد میں دیں گے۔ لیکن پہلے وہ دیواری گھڑی کا معاوضہ طے ہو جائے"۔

ہماری بات معقول تھی اس لئے ہمارے صحافی دوستوں نے بھی اصرار کرنا شروع کر دیا کہ جب تک دیواری گھڑی کی قیمت طے نہیں ہو جاتی تب تک چھاپہ مار ٹیم کو یہاں سے جانے نہ دیا جائے۔ اس کے ساتھ ہی چھاپہ مار ٹیم کے ارکان نے بھاگنا شروع کر دیا۔ دوسرے دن اخباروں میں ہمارے گھر پر چھاپہ کی تفصیلی خبریں شائع ہوئیں۔ جگہ جگہ ہمارے چرچے ہونے لگے اور لوگ ہمیں مبارکباد دینے لگے کہ اس چھاپہ کے عوض انکم ٹیکس والے تمہیں پچاس لاکھ روپئے ادا کر رہے ہیں۔ ایسا تاریخی چھاپہ آج تک کہیں نہیں پڑا ہو گا۔ اس کے بعد اچانک ہماری آنکھ کھُل گئی۔ دیکھا تو دور دور تک کسی کا نام ونشان تک نہیں تھا۔ ہم نے بیوی سے پوچھا "چھاپہ

مارنے والے کہاں چلے گئے ؟"۔ بیوی نے ہمیں ڈانٹتے ہوئے کہا "کوئی خواب دیکھا ہے کیا؟ کیسا چھاپہ اور کہاں کا چھاپہ ؟"۔ ابھی میں نے تمہارے پرس پر چھاپہ مارا تھا صرف دو روپئے نکلے۔ یہ منہ اور مسور کی دال"۔ اور یہ سن کر ہم اپنی آنکھیں ملنے میں مصروف ہو گئے۔

***

۸

معاملہ ہنسنے ہنسانے کا

واشنگٹن کی ایک اطلاع کے مطابق میری لینڈ اسکول آف میڈیسن کے تحقیق کاروں نے پتہ چلایا ہے کہ قہقہہ لگانے سے انسانی جسم میں خون کی گردش کا نظام بہتر ہو جاتا ہے جس سے دل کی بیماریوں کے خطرات کم ہو جاتے ہیں۔ تحقیق کے مطابق ہنسی مذاق کی باتیں کرنے، مزاحیہ تحریریں پڑھنے اور مزاحیہ فلمیں دیکھنے سے ذہنی تناؤ کم ہو جاتا ہے جس کے نتیجے میں دوران خون کا عمل معمول پر آجاتا ہے۔ تحقیق کاروں کا کہنا ہے کہ ایک انسان روزانہ پندرہ منٹ تک قہقہے لگائے تو وہ دل کی بیماریوں سے محفوظ رہ سکتا ہے۔

اس تحقیق میں ہماری دلچسپی اظہر من الشمس ہے کیونکہ ہنسی مذاق سے ہمارا بھی ایک واجبی سا تعلق ہے۔ یوں تو ہم تقریباً اسّی برسوں سے اس دنیا میں ہنستے چلے آرہے ہیں لیکن پچھلے ۵۳ برسوں سے تو ہم نے ہنسی کو پیشے کے طور پر اپنایا ہوا ہے۔ ہنسی کے اتنے لمبے تجربے کی وجہ سے ہمیں اب یہ یاد نہیں رہتا کہ ہم اصلی ہنسی کب

ہنس رہے ہوتے ہیں اور اس میں نقلی یا پیشہ ورانہ ہنسی کی ملاوٹ کب کر دیتے ہیں۔ اب ڈاکٹروں کا کہنا ہے کہ اگر کوئی روزانہ پندرہ منٹ تک قہقہے لگائے تو اسے دل کی بیماری نہیں ہو سکتی۔ مانا کہ ایسا کرنے سے دل کی بیماری نہیں ہوتی لیکن کوئی آدمی بلاوجہ پندرہ منٹ تک قہقہہ لگاتا رہے یہ بات بھی ہمارے سمجھ سے بالاتر ہے کیونکہ جب بھی ہم کسی آدمی کو بلاوجہ ہنستے ہوئے دیکھ لیتے ہیں تو ہمیں شبہ ہوتا ہے کہ کہیں یہ آدمی پاگل تو نہیں ہو گیا ہے۔ ہم تو تصویر کشی کے وقت بھی منٹ، دو منٹ کے لئے ہی سہی، اپنے ہونٹوں پر فرمائشی ہنسی کو پیدا کرنے کے اہل نہیں ہیں۔ یہ کیا بات ہوئی کہ ادھر ایک اچھا بھلا فوٹو گرافر آپ کی تصویر کھینچنے کو کھڑا ہو جائے اور ادھر آپ اس پر ہنسنے لگ جائیں۔ آدمی کو کب ہنسنا چاہئے، جس طرح ہنسنا چاہئے،

کتنا ہنسنا چاہئے اور کس پر ہنسنا چاہئے اس کے بھی کچھ آداب ہوتے ہیں۔ یہی وجہ ہے کہ آپ کو جگہ جگہ کوئی نہ کوئی ہنستا ہوا تو ضرور دکھائی دے گا لیکن سچی اور بے لوث ہنسی ہنستے ہوئے لوگ بہت کم دکھائی دیں گے۔ ایک بچہ کسی بات پر رونے لگا تو اس کی ماں نے رونے کا سبب پوچھا۔ اس پر بچے نے روتے روتے بتایا کہ برابر کے کمرے میں اس کا باپ اسٹول پر چڑھ کر دیوار پر تصویر ٹانگ رہا تھا کہ اپنا توازن کھو بیٹھا اور نیچے گر پڑا۔ اس پر ماں نے کہا "بیٹا! عدم توازن کی اس کیفیت پر تو تمہیں رونے کی بجائے ہنسنا چاہئے تھا۔ پھر تم رو کیوں رہے ہو"۔ بچے نے کہا "ممی! میں نے بھی آپ کی توقع کے مطابق اس بات پر زور دار قہقہہ لگایا تھا۔

لیکن نہ جانے کیوں ڈیڈی نے میرے گال پر ایک زوردار طمانچہ رسید کیا اور یوں مجھے رونے پر مجبور کر دیا"۔ اس واقعے نے ثابت کر دیا کہ ایک انسان کی ہنسی دوسرے انسان میں بھی ہنسی کا جذبہ پیدا کرے یہ ضروری نہیں ہے۔ یہی وجہ ہے کہ جب بھی کوئی آدمی ہنستا ہے تو ہم اس ہنسی کے پیچھے اس جذبہ کو تلاش کرتے ہیں جو اس ہنسی کا موجب بنتا ہے۔ کبھی یہ ہنسی شرمندگی کا روپ اختیار کر لیتی ہے، کبھی یہ ہنسی مجبوری بن کر ابھرتی ہے، کبھی کسی ہنسی کے پیچھے صبر کا پتھر دکھائی دیتا ہے، کبھی کوئی ہنسی مصلحت سے لبریز نظر آتی ہے اور کبھی کوئی ہنسی ہنسنے والے کی قوت برداشت کی عکاسی کر رہی ہوتی ہے۔ یوں آج کے زمانے میں خالص اور بے لوث ہنسی بڑی مشکل سے دکھائی دیتی ہے۔ لہذا یہ سمجھنا کہ ہر ہنسی دل کو تقویت پہنچاتی ہے اور خون کی گردش کو تیز کر دیتی ہے، بالکل غلط ہو گا۔ کیا عجب کہ کوئی کھسیانی ہنسی یا مصلحت آمیز ہنسی انسان کے قلب پر حملے کا سبب بن جائے۔ کبھی کبھی تو ہمیں چلو بھر خالص ہنسی بالٹی بھر مصنوعی ہنسی سے کہیں زیادہ صحت مند اور توانا نظر آتی ہے۔ اگر سچ مچ ہمیں سچی ہنسی مل جاتی تو اس کی مدد سے دواساز کمپنیاں قہقہوں کے کیپسول، گولیاں، شربت اور معجون وغیرہ نہ تیار کر لیتے۔ ہنسی کے ذریعے بیماریوں کا علاج کرنے کا خیال نہایت عمدہ ہے۔ سچ تو یہ ہے کہ اس معاملے میں ہم مشہور ماہر نفسیات ڈاکٹر مجید خان سے بھی مشورہ کرنے کے آرزو مند تھے کیونکہ ڈاکٹر مجید خان ہماری طرح نہ صرف کالم نگار ہیں بلکہ ہمارے کرم فرما بھی ہیں اور

اپنے کالموں میں اظہار پسندیدگی کے طور پر ان کے کرداروں کی تحلیل نفسی بھی فرماتے رہتے ہیں جنھیں ہم اپنے کالموں میں پیش کر دیتے ہیں۔ ہمارے بارے میں ان کا نفسیاتی تجزیہ یہ ہے کہ ہم نہایت حوصلہ مند، صابر و شاکر ہونے کے علاوہ خوش باش اور دلیر انسان ہیں، ظاہر ہے کہ انہوں نے ہمارے کالموں کا مطالعہ کرنے کے بعد ہی ہمارے بارے میں یہ رائے قائم کی ہے۔ ایک بار ہم نے اپنے کالم میں ایک کردار "محتاط بیگ" کے زیر عنوان پیش کیا تھا۔ یہ کردار اپنی ساری زندگی احتیاط سے گزار دیتا ہے۔ اس کی احتیاط کا یہ عالم ہے کہ دیگر محتاط لوگ تو پھونک پھونک کر قدم اٹھا ہی دیتے ہیں، یہ کردار قدم اٹھانے کا نام نہیں لیتا صرف پھونکتا رہ جاتا ہے۔

اس کی خدمت میں پانی کا گلاس پیش کیا جائے تو اچانک یہ خوف اس کا دامن پکڑ لیتا ہے کہ کہیں گلاس کے پانی میں کوئی خوفناک مگرمچھ اس کے لئے تاک لگائے نہ بیٹھا ہو۔ اندیشہ ہائے دور دراز کو وہ اس طرح پیدا کر لیتا ہے جیسے یہ اس کے بائیں ہاتھ کا کھیل ہو۔ محتاط بیگ گھڑی گھڑی اپنی نبض پر ہاتھ رکھ کر یہ اطمینان کر لیتا ہے کہ وہ زندہ بھی ہے یا مر گیا۔ وہ محض اس ڈر سے شادی نہیں کرتا کہ ایک نہ ایک دن کہیں اس کی بیوی مر نہ جائے۔ ڈاکٹر مجید خان کو ہمارا یہ کالم اتنا پسند آیا کہ اس کی کئی فوٹو کاپیاں بنوا کر اپنے مریضوں میں تقسیم کیں۔ پھر ہمارے بارے میں یہ رائے بھی دی کہ ہم انسانی نفسیات کی گتھیوں اور پیچیدگیوں کو بخوبی جانتے ہیں۔ ہم

اپنے قارئین کے سامنے آج برملا اعتراف کرنا چاہتے ہیں کہ ہم نہایت بزدل اور ڈرپوک آدمی ہیں۔ اتنے ڈرپوک ہیں کہ اپنی مزاح نگاری میں خود اپنے سوائے کسی اور کا مذاق اڑا ہی نہیں سکتے۔ اپنا مذاق آپ اڑانا دنیا کا سب سے محفوظ اور محتاط کام ہے۔ اطلاعاً عرض ہے کہ ڈاکٹر مجید خان ہمارے تخلیق کردہ کردار محتاط بیگ کی جو تحلیل نفسی فرما رہے ہیں وہ کردار ہم خود ہیں۔ اب آپ سے کیا چھپائیں کہ ادھر چار پانچ برسوں کے عرصے میں اپنی صحت کی خرابی کے باعث ہم خود دن بہ دن محتاط بیگ بنتے چلے جا رہے ہیں۔ اب ہم ڈاکٹر مجید خان کو کیسے بتائیں کہ وہ جس مزاح نگار کو دلیر اور حوصلہ مند آدمی سمجھ رہے ہیں وہ ایک بزدل اور ڈرپوک آدمی ہے۔ ابھی حال ہی میں ڈاکٹر مجید خان نے "میاں مکمل" کے عنوان سے ایک کالم لکھا تھا اور آخر میں ہمارا حوالہ دیا تھا کہ جس وقت وہ اس خاکے کو لکھ رہے تھے تو ہم ان کے ذہن میں موجود تھے۔ یہ تو ڈاکٹر مجید خان کا کرم ہے کہ وہ ہمیں اپنے ذہن میں تر و تازہ رکھتے ہیں ورنہ سماج میں مزاح نگار کو پوچھتا کون ہے۔ یقین مانئے ہمارا جی چاہتا ہے کہ کبھی ہم بھی ڈاکٹر مجید خان کی خدمت میں ایک نفسیاتی مریض کے طور پر پیش ہوں اور ان سے اپنے نفسیاتی مسائل کے حل کے طلبگار ہوں۔ ہمارا تو خیال ہے کہ دنیا کے سارے ہی مزاح نگار کہیں نہ کہیں نفسیاتی مریض ہوتے ہیں لیکن چونکہ ان کے پاس ایک ضمیر، ایک ظرف اور ایک انا ہوتی ہے اس لئے وہ خود کے نفسیاتی مریض ہونے کا اعتراف نہیں کرتے۔ اردو کے پہلے مزاح نگار شاعر جعفر زٹلی کو اپنے ضمیر

اور انا کی حفاظت کے جرم میں بادشاہ وقت نے پھانسی پر لٹکا دیا تھا۔ لوگ اس کے پھانسی پر لٹکنے کو بھی ایک مزاحیہ صورت حال سمجھتے ہیں۔ سچ تو یہ ہے کہ مزاح نگار کے درد کو آج تک کسی نے نہیں پہچانا بلکہ لوگ تو اس کے درد پر بھی دھاڑیں مار مار کر قہقہے لگاتے ہیں۔

ہمیں اس وقت طنز و مزاح کے پیر و مرشد ازبکستان والے ملاّ نصیر الدین یاد آ گئے جو مذاق مذاق میں پتے کی بات کہہ جاتے تھے۔ ملاّ نصیر الدین کو اپنی شعر فہمی پر بڑا ناز تھا اور اچھے اچھے سخن فہم ان کے آگے پانی بھرتے تھے۔ بادشاہ وقت کو اچانک شعر گوئی کا شوق چرایا تو بادشاہ نے ملاّ نصیر الدین کو اپنے دربار میں طلب کیا تاکہ اپنے اشعار کے بارے میں ان کی رائے پوچھی جا سکے۔ بادشاہ کو یہ خوش فہمی تھی کہ ملاّ نصیر الدین اگر اس کے اشعار پر داد دیں گے تو بادشاہ کی شعر گوئی کا ڈنکا سارے عالم میں بج اٹھے گا۔ بہر حال ملاّ نے بڑی توجہ کے ساتھ بادشاہ کے اشعار تو سُنے مگر کسی رد عمل کا اظہار نہ کیا اور خاموش رہے۔ اس پر بادشاہ نے ملاّ سے پوچھا "کیوں ملاّ کیسی ہے میری شاعری؟" ملاّ نے نفی میں سر ہلا کر کہا "حضور! کچھ بات نہیں بنی۔ مشق سخن جاری رکھئے"۔ بادشاہ کو غصہ آیا تو اس نے ملاّ نصیر الدین کو جیل میں ڈال دینے کا حکم دے دیا۔ بادشاہ نے سوچا چند دن جیل کی ہوا ملاّ کھا لیں تو عقل ٹھکانے لگ جائے گی اور انھیں اپنے آپ ہی بادشاہ کی شاعری پسند آنے لگے گی۔ سال چھ مہینے بعد بادشاہ نے پھر غزل کہی تو سوچا کہ کیوں نہ اب ملاّ کو بلا کر ان کی

رائے لی جائے۔ چنانچہ دربار کو آراستہ کیا گیا۔ ملّا کو دربار میں بلایا گیا۔ نحیف و نزار، سر کے بال بڑھے ہوئے، کپڑوں اور سر میں جوئیں پڑی ہوئیں۔ بادشاہ نے اپنا کلام سنایا پھر ملّا سے پوچھا "کیوں اب کیا رائے ہے تمہاری؟"۔ ملّا نے کوئی جواب نہ دیا اور اٹھ کر چپ چاپ دربار سے جانے لگے۔ بادشاہ نے پکار کر کہا "ملّا چوری چوری کہاں جارہے ہو؟" ملّا نصیر الدین نے کہا "حضور! اس سے پہلے کہ آپ مجھے پھر سے جیل خانے میں ڈالنے کا حکم دیں میں خود ہی جیل میں جانا پسند کروں گا"۔ اس پر درباری اپنی ہنسی نہ روک سکے اور زور زور سے قہقہے لگانے لگے۔

ملّا نے اپنی اس حرکت کے ذریعے پھر سے دربار میں ہنسی کی دولت انڈیل دی لیکن کسی نے یہ نہیں سوچا کہ جیل خانے میں ملّا پر کیا گزری ہو گی۔ لوگ آج تک ملّا نصیر الدین کی اس حرکت کو یاد کر کے بے ساختہ ہنستے ہیں لیکن کسی کو ملّا کے جیل جانے پر آنسو بہانے کی توفیق عطا نہ ہوئی۔ ہنسی کے دوسرے رخ پر مزاح نگار کا جو المیہ ہوتا ہے اس تک کسی کی رسائی نہیں ہو سکتی۔ اب اگر قہقہوں کے ذریعے بیماریوں کے علاج کی صورت نکلتی ہے تو اچھی بات ہے لیکن جو آدمی قہقہوں کا سوداگر ہوتا ہے خود اس کا علاج کون کرے گا۔ بسا اوقات قدرت بھی مزاح نگار کی زندگی میں کچھ ایسے حالات پیدا کر دیتی ہے کہ مزاح نگار کے قول اور فعل میں تضاد نظر آنے لگتا ہے۔ ہمارے اکبر الہ آبادی کو ہی لیجئے۔ زندگی بھر وہ سر سید احمد خاں کی تحریک کی مخالفت میں انگریزی تہذیب و تمدن کا مذاق اڑاتے رہے لیکن بعد میں

خود ان کے بیٹے عشرت حسین اعلیٰ تعلیم کے حصول کے لئے نہ صرف انگلستان گئے بلکہ واپسی میں ایک میم کو بھی ساتھ لیتے آئے۔ کہتے ہیں کہ عشرت حسین خود اپنے والد یعنی اکبر الہ آبادی سے فاصلہ قائم رکھنے کی کوشش کرتے تھے اور اپنے دوستوں سے اکبر الہ آبادی کا تعارف نہیں کراتے تھے۔ ایک بار عشرت حسین کے کچھ احباب ایسے وقت گھر آگئے جب اکبر الہ آبادی عشرت حسین کے ڈرائنگ روم میں بیٹھے ہوئے تھے۔ عشرت حسین نے بوکھلاہٹ میں اپنے احباب سے اکبر الہ آبادی کا تعارف یوں کرایا "یہ بزرگ ہمارے فیملی فرینڈ یعنی خاندان کے دوست ہیں"۔ اس پر اکبر الہ آبادی نے بہ آواز بلند کہا "جی نہیں! میں ان کی فیملی کا نہیں بلکہ ان کی والدہ کا دوست ہوں"۔

***

۹

اندھے شیر کو عینک کون پہنائے گا؟

اطلاع آئی ہے کہ پچھلے دنوں جے پور کے چڑیا گھر میں ایک ۲۰ سالہ ببر اور ایک ۱۹ سالہ شیر کی آنکھوں کا کامیاب آپریشن کیا گیا اور اہم بات یہ ہے کہ اس آپریشن کو علاج حیوانات کے ماہرین امراض چشم نے انجام دیا ہے ورنہ اس سے پہلے دہلی کے چڑیا گھر میں جب ایک ببر کی بینائی خراب ہوئی تھی تو اس کے آپریشن کے لئے ایک ایسے ماہر امراض چشم کی خدمات حاصل کی گئیں جو انسانوں کی آنکھوں کے خصوصی معالج ہیں۔ یہ الگ بات ہے کہ ببر کی آنکھوں کا آپریشن کرتے وقت انسانوں کی آنکھوں کا علاج کرنے والے ڈاکٹر پر کیا گذری ہوگی، اس کے بارے میں سوچتے ہیں تو جسم پر کپکپی طاری ہو جاتی ہے اور رونگٹے کھڑے ہو جاتے ہیں۔ پھر ایسا کرتے ہوئے ہمیں نہ جانے کیوں اپنے کرم فرما ڈاکٹر شیام سندر پرشاد کا خیال آگیا جو حیدرآباد کے ممتاز ماہر امراض چشم ہیں اور ہم جیسے غیر ممتاز انسانوں کی آنکھوں کا بھی علاج کرتے رہتے ہیں۔ یہ جو ہم دنیا کو بُری نظر سے دیکھتے

ہیں تو یہ سب ڈاکٹر شیام سندر پرشاد کا ہی فیض ہے۔ یہاں ہم یہ وضاحت بھی کر دینا ضروری سمجھتے ہیں کہ ڈاکٹر شیام سندر پرشاد تو صرف ہماری نظر ٹھیک کر دیتے ہیں۔ اب اس نظر کو "بُری نظر"،، ترچھی نظر""ٹیڑھی نظر""کڑی نظر" اور "تیکھی نظر" بنانا ہماری ذمہ داری ہوتی ہے۔ اس معاملے میں ماہرین امراض چشم کے علاج کا کوئی دخل نہیں ہوتا، وہ ہمیں صرف نظر عطا کر دیتے ہیں جسے ہم حسب توفیق اور حسب موقع ٹیڑھی، ترچھی، سیدھی، بُری اور اچھی وغیرہ بنالیتے ہیں۔ بعض لوگ آنکھوں کے ڈاکٹر سے بڑی توقعات وابستہ کرلیتے ہیں اوراس خوش فہمی میں مبتلا رہتے ہیں کہ آنکھوں کا ڈاکٹر نہ صرف کمزور بینائی رکھنے والی آنکھوں کو تیز نظر عطا کرے گا بلکہ وہ خوشگوار اور حسین منظر بھی فراہم کرے گا جسے یہ آنکھیں دیکھ سکیں۔ نظر فراہم کرنے کی ذمہ داری یقیناً ڈاکٹر کی ہوتی ہے لیکن حسین وخوشگوار منظر فراہم کرنے کا معاملہ سیاستدانوں اور حکمرانوں کا ہوتا ہے۔ لوگ چاہتے ہیں کہ آنکھوں کا ڈاکٹر وہ سب کچھ کرے جس کے کرنے کا وہ اہل نہیں۔ ہمیں اس وقت اپنے ایک بزرگ دوست یاد آگئے جو شراب بہت پیتے تھے اور کثرت شراب نوشی کی وجہ سے ان کی بینائی خراب ہونے لگی تھی۔ ایک دن ان کے ڈاکٹر نے وارننگ دینے کے انداز میں کہا "جناب! اب پانی سر سے اونچا ہو گیا ہے۔ یا تو آپ اپنے اندھے ہو جانے کو ہنسی خوشی قبول کرلیں یا پھر شراب بالکل ترک کر دیں۔ اس کے سوائے کوئی تیسری صورت ممکن نہیں ہے"۔ اس پر ہمارے بزرگ دوست نے جو

اس وقت قطعاً نشے میں نہیں تھے، کچھ دیر کے لئے سوچا پھر بولے "ڈاکٹر صاحب! میرا خیال ہے کہ پچھلے پچھتر برسوں میں میں نے بہت دنیا دیکھ لی ہے۔ اب مجھ میں اسے مزید دیکھتے رہنے کی سکت نہیں ہے۔ لہذا آپ مجھے بشوق اندھا بنادیں۔ میں شراب کے سہارے باقی زندگی جیسے تیسے گذارلوں گا"۔ ڈاکٹر نے حیرت سے کہا "آپ پہلے مریض ہیں جو میرے پاس اپنے اندھے پن سے نجات حاصل کرنے کے لئے نہیں بلکہ اندھے پن کو اختیار کرنے کے لئے آئے ہیں، آپ بھی عجیب آدمی ہیں"۔ اس پر ہمارے بزرگ دوست نے کہا تھا "جناب! یہاں معاملہ بصارت کا نہیں بلکہ بصیرت کا ہے"۔

بہر حال اس کالم کو لکھتے ہوئے ہمیں ڈاکٹر شیام سندر پرشاد کا خیال اس لئے آیا کہ اب پانی خود آنکھوں کے ڈاکٹروں کے سروں سے بھی اونچا ہوتا جارہا ہے کیونکہ ہماری چشم تصور نے یہ دیکھا کہ ایک خونخوار اور خوفناک شیر ڈاکٹر شیام سندر پرشاد کے سامنے بیٹھا ہے اور سامنے دیوار پر ایک بڑا سا پوسٹر آویزاں ہے جس میں بکری اور کتّا دونوں کی جلی تصویریں ہیں۔ ان کے نیچے کچھ کم جلی تصویریں بلی اور خرگوش کی ہیں۔ اور نیچے جائیں تو بھینس، گینڈے، گھوڑے اور گدھے بھی موجود ہیں۔ ایسے میں ڈاکٹر صاحب ایک ہاتھ میں بجلی کا ہنٹر لئے کھڑے ہیں جسے وہ بار بار گھما کر زمین پر مارتے جارہے ہیں اور بہ آواز بلند شیر کو حکم دے رہے ہیں کہ وہ بکری اور کتے کی جوڑی والی تصویر میں اپنے پسندیدہ جانور پر پنجہ مارے۔ پھر علی الترتیب بلی اور

خرگوش یا گدھے اور گینڈے کو سامنے رکھ کر اپنی پسند کا اظہار کرے۔ ظاہر ہے کہ شیر ہماری طرح پڑھا لکھا تو نہیں ہوتا کہ حروف تہجی کو پڑھ کر اپنی بینائی کا ثبوت دے۔ یوں بھی شیر کی بینائی کا ٹسٹ اسی طرح لیا جاسکتا ہے ورنہ ڈاکٹر کو کیسے معلوم ہوگا کہ شیر کی بینائی اچھی ہے یا خراب ہو چکی ہے۔ جب ہماری چشم تصور نے ڈاکٹر شیام سندر پرشاد کو اس حال میں دیکھا تو ان کی جرأت اور دلیری پر ہمیں یقیناً رشک آیا کہ ایسا دلیر اور شیر دل ڈاکٹر کہاں پیدا ہوگا جس نے ایک خطرناک اور خونخوار شیر کو بھیگی بلی بنا کر اپنے سامنے بٹھا رکھا ہے۔ لیکن ڈاکٹر صاحب موصوف سے ہمیں جو تعلق خاطر ہے اور عقیدت ہے اس کے پیش نظر ہمیں یہ خوف بھی رہا کہ کہیں یہ شیر ڈاکٹر پر حملہ نہ کردے۔ اگر جانوروں اور وہ بھی خونخوار جانوروں کا علاج کرنے کے لئے انسانوں کے ڈاکٹروں کی خدمات سے استفادہ کرنے کا رواج عام ہوجائے تو ہمیں یقین ہے کہ آنکھوں کے ڈاکٹروں کا پیشہ سب سے خطرناک پیشہ سمجھا جائے گا۔ اس لئے کہ کسی شیر کی بصارت کا حال جاننا کوئی آسان کام نہیں ہے۔ ہوسکتا ہے کہ بکری اور کتے کے پوسٹروں کی مدد سے شیر کی بینائی کا حال معلوم ہوجائے۔ لیکن شیر کو عینک کیسے لگائی جائے گی اور اسے کون لگائے گا۔ عینک کا نمبر کیسے معلوم کیا جائے۔ بائی فوکل عینک لگائی جائے گی یا دور کی نظر کی عینک اور پاس کی نظر کی عینک الگ الگ ہوگی۔ آپ شیر کی بینائی کی جانچ کی بات کرتے ہیں، یہاں تو انسانوں کی بصارت کا تعین بھی مشکل ہے۔ ہمارے ایک دوست کی بینائی کی خرابی

کا حال ان کے احباب کو اس وقت معلوم ہوا جب وہ ہمارے ساتھ ایک پارک میں سیر کر رہے تھے کہ زوردار ہوا چلی جس کے باعث ان کی ٹوپی اُڑ کر زمین پر گری اور ہوا کے زور سے زمین پر لڑھکنے لگی۔ یہ اسے پکڑنے کے لئے پیچھے بھاگتے رہے۔ بڑی دیر تک وہ بھاگتے رہے اور ہم ان کی واپسی کے انتظار میں چپ چاپ کھڑے رہے۔ بالآخر جب وہ واپس آئے تو دیکھا کہ ان کے ہاتھ میں ٹوپی کی جگہ ایک عدد بلی ہے جسے وہ اپنے سر پر بٹھانے کی ناکام کوشش کر رہے ہیں۔

بہر حال ایسی پریشانیوں کے باوجود یہ ایک خوش آئند بات ہے کہ اب انسانوں کے ڈاکٹر جانوروں کا علاج بھی کریں گے۔ ہمیں سچ مچ نہیں معلوم کہ شیر کا نارمل بلڈ پریشر کتنا ہوتا ہے۔ بلی کو شوگر کی بیماری کیوں نہیں ہوتی۔ مینڈک کو زکام ہو جائے تو کیا طریقۂ علاج اپنایا جائے۔ گدھے کی بائی پاس سرجری کرنے کی نوبت کب آتی ہے۔ ہاتھی کا بلڈ پریشر ناپنے کے لئے بلڈ پریشر کے آلے کی پٹی ہاتھی کے پاؤں میں باندھی جائے یا اس مقصد کے لئے اس کی سونڈ کو زحمت دی جائے۔ ایسے بے شمار سوالات ہیں جو ہمارے ذہن میں پیدا ہوتے رہتے ہیں۔ اگر ان کا جواب تلاش کر لیا جائے تو طب کے شعبے میں یقیناً ترقی ہوگی۔

شیر کی بصارت پر ہمیں اپنے ایک شکاری دوست کی یاد آ گئی۔ نوجوانی میں وہ ہمیں اکثر شکار پر لے جایا کرتے تھے۔ ایک بار شکار پر گئے تو گھنے جنگل میں ایک ڈاک بنگلے میں قیام کیا۔ چوکیدار نے بتایا کہ نواحی علاقے میں ایک شیر رہتا ہے جس

کی بینائی کمزور ہوگئی ہے اور ثقلِ بصارت کی وجہ سے وہ غفلت اور ناسمجھی میں خود شیروں اور انسانوں پر حملہ کر دیتا ہے۔ شام کا وقت تھا، ہمارے شکاری دوست نے کہا کہ ہم ڈاک بنگلے میں ہی رُکے رہیں۔ اتنی دیر میں وہ آس پاس اس اندھے شیر کو دیکھ آتے ہیں۔ اگر مل جائے تو اس کا خاتمہ بالخیر کر دیں گے کیونکہ انسانوں پر بھی حملہ کرنے لگا ہے۔ کچھ دیر بعد ہم ڈاک بنگلے کی بالکنی میں کھڑے تھے کہ بندوق کے چلنے کی آواز آئی۔ پھر دیکھا کہ ہمارے دوست دیوانہ وار ڈاک بنگلے کی طرف بھاگتے ہوئے آرہے ہیں۔ ہم نے زور سے پکار کر پوچھا کیا تم نے شیر کو ہلاک کر دیا ہے۔ اس پر انھوں نے بھاگتے بھاگتے کہا "فوراً نیچے آکر ڈرائنگ روم کا دروازہ کھولو، میں زندہ شیر کو ساتھ لے کر ڈاک بنگلے میں آرہا ہوں"۔ کچھ دیر بعد ہم نے دیکھا کہ ان کے پیچھے پیچھے شیر بھی بے تحاشہ بھاگتا چلا آرہا ہے۔

بینائی کے بارے میں کچھ لکھنے پر آئیں تو ہم بے شمار قصے اور واقعات لکھ سکتے ہیں۔ اگر ماہرینِ امراضِ چشم انسانوں کے علاوہ حیوانوں کی آنکھوں کا علاج بھی کرنا چاہتے ہیں تو بسر و چشم ضرور کریں۔ چشم ماروشن، دلِ ماشاد۔ لیکن ہماری آنکھوں میں اب بھی بعض خامیاں، اتنی لمبی زندگی گزارنے کے باوجود موجود ہیں۔ جیسے ہماری آنکھ کا پانی مر گیا ہے، اسے بحال کریں۔ ہماری آنکھ میں رحم اور محبت کی رمق کیوں نہیں دکھائی دیتی۔ لوگ ہم پر آنکھیں کیوں نکالتے ہیں اور یہ کہ ہم ان کی آنکھوں میں کیوں نہیں بھاتے۔ ہماری آنکھوں کا نہ سہی ان کی آنکھوں کا علاج تو

ہو۔ انسانوں اور حیوانوں کے بیچ علاج کے معاملے میں آپسی تعاون تو یہ بھی ہونا چاہیئے کہ جانوروں کے اعضا انسانوں میں لگا دیئے جائیں۔ کیا یہ ممکن ہے شیر کا دل ہمارے سینے میں لگا دیا جائے۔ پھر چیتے کا جگر، ہرن کی آنکھیں، بلبل کا گلہ، گھوڑے کی ٹانگیں، بلی کے پنجے، گینڈے کی کھال بھی ہمیں درکار ہے۔ یہ بات ہم اس لئے کہہ رہے ہیں کہ صدیوں سے انسان اپنے ذاتی اعضاء کی مدد سے انسانیت کی بلندی کو نہ چھو سکا بلکہ اب تو زوال کی منزل آنے لگی ہے۔ لومڑی کی چالاکی، گائے کی شرافت، شیر کی خودداری، اونٹ کا توکل، عقاب کی آنکھیں، ہاتھی کی توانائی وغیرہ جیسی چیزیں انسان کو میسر آجائیں تو شاید انسان میں تھوڑی سی انسانیت پیدا ہو جائے۔ سچ تو یہ ہے کہ ان دنوں حیوانوں میں جتنی انسانیت پائی جاتی ہے اتنی انسانیت تو خود انسان میں دکھائی نہیں دیتی۔

***

۱۰

آداب علالت : پُرسی سے پُرسے تک

ہمارا شمار ان معدودے چند مہذب اور شائستہ انسانوں میں ہوتا ہے جو علالت کو بھی اس وقت تک قبول نہیں کرتے یا اسے مستحسن نہیں سمجھتے جب تک کہ انہیں یہ یقین نہ ہو جائے کہ وہ آداب علالت کی اقل ترین شرائط کی پاسداری کرنے کے اہل ہوگئے ہیں۔ بخدا ہم علالت سے اتنا پریشان نہیں ہوتے جتنا کہ آداب علالت کے رموز و نکات سے عدم واقفیت کی بنا پر ہراساں ہو جاتے ہیں۔ یہی وجہ ہے کہ جب تک ہم پینسٹھ برس کے نہیں ہوگئے تب تک ہم نے کسی بھی قسم کی علالت کو اپنے پاس پھٹکنے نہیں دیا۔ لہذا آداب علالت کے معاملہ میں ہم آج بھی خاصے اناڑی اور ناتجربہ کار واقع ہوئے ہیں۔ پھر ہر علیل ہونے والے کے آداب علالت کا معیار اور انداز مختلف ہوتا ہے جس سے اس میدان میں اس کے دیرینہ تجربہ یا سراسر ناتجربہ کاری دونوں ہی کا بخوبی اندازہ ہو جاتا ہے۔ ہمارے ایک دوست علالت کا نہایت طویل تجربہ رکھتے ہیں اور جب بھی کسی بیماری میں مبتلا ہو جاتے ہیں تو اس

اہتمام سے مبتلا ہوتے ہیں کہ پہلے تو اپنا بستر علالت خود اپنے ہاتھوں سے بچھاتے ہیں اور پھر بعد میں خود اس پر بچھ جاتے ہیں۔ یہی نہیں بیماری کی کیفیات اور خصوصیات کے مطابق اپنے کمرۂ علالت کی تزئین و زیبائش کی گنجائش بھی پیدا کر لیتے ہیں مثلاً یرقان کے مرض میں مبتلا ہوں تو اپنے بستر علالت پر پیلے رنگ کی چادر بچھاتے ہیں، کمرۂ علالت کے دروازوں اور کھڑکیوں پر یرقانی رنگ کے پردے لٹکاتے ہیں۔

میز علالت کی وضع کچھ ایسی ہوتی ہے کہ اس پر سارے پرہیزی کھانوں کے رکھنے کی گنجائش کے علاوہ غیر ضروری دواؤں، ضروری پھلوں اور از کار رفتہ آلات طب کو رکھا جاسکے۔ مزاج پرسی کے لئے آنے والوں کو ان کے سماجی رتبہ اور حیثیت کے اعتبار سے بٹھانے کے لئے عام کرسیوں کے علاوہ خود مریض کی کرسی علالت کی جگہ بھی مختص کر دی جاتی ہے۔ ایک ایسی الماریٔ علالت بھی کمرے میں رکھی ہوتی ہے جس میں انواع و اقسام کے ایسے میوے، مٹھائیاں، گلدستے، یونانی خمیرے اور مقوی ادویات رکھی جاتی ہیں جنہیں مزاج پرسی کے لئے آنے والے حضرات اپنے ساتھ "ہدیۂ علالت" کے طور پر مریض کے لئے لے آتے ہیں۔ ایسے مریض اپنی علالت کو ایک سانحہ ہی نہیں، اپنی زندگی کا ایک اہم واقعہ بلکہ آخری واقعہ تک سمجھ لیتے ہیں۔ مزاج پرسی کے لئے آنے والوں کا ایک رجسٹر بھی مرتب کیا جاتا ہے جس میں عیادت کنندگان کے نام پتے اور ٹیلیفون نمبر بڑی دوراندیشی کے ساتھ اس آس میں لکھوائے جاتے ہیں کہ کسی ناگہانی صورت کے پیش آنے پر

انہیں بروقت اطلاع دی جاسکے۔ بعض نامی گرامی مریض ان کی عیادت کے لئے آنے والوں کے نام بڑے اہتمام اور التزام کے ساتھ اخباروں میں بھی شائع کرواتے ہیں تاکہ سند رہے اور وقت ضرورت کام نہ آوے۔ ہمارے ایک وی آئی پی دوست نزلہ زکام میں مبتلا ہو کر بستر علالت پر دراز ہوگئے تو عیادت کرنے والوں کا تانتا بندھ گیا اور ان کے اسمائے گرامی اخباروں میں پابندی سے شائع ہونے لگے۔ جب ان کی علالت نے "شعلے" فلم کی سی مقبولیت حاصل کرلی تو انہوں نے فیصلہ کیا کہ جب تک ان کی ریاست کے چیف منسٹر ان کی مزاج پرسی نہیں کریں گے تب تک وہ صحت یاب نہیں ہوں گے۔ مرکزی قیادت سے چیف منسٹر پر دباؤ ڈالا گیا کہ وہ موصوف کی مزاج پرسی ضرور کریں تاکہ خود چیف منسٹر کی کرسی محفوظ رہ سکے۔ چیف منسٹر تیار بھی ہوگئے لیکن خدا کا کرنا کچھ ایسا ہوا کہ خود چیف منسٹر بیمار ہو کر بستر علالت پر لیٹ گئے۔ نتیجہ میں ہمارے وی آئی پی دوست کو مجبوراً صحت یاب ہونا پڑا۔ یہاں تک کہ اخباروں میں خود ان کا نام بھی چیف منسٹر کی عیادت کرنے والوں کی فہرست میں شامل ہوگیا۔

مزاج پرسی کرنا اور پرسہ دینا دونوں ہی فن کا درجہ رکھتے ہیں جس میں پہلے تو مریض کے ناز اٹھائے جاتے ہیں اور بالآخر بہت بعد میں اس کا جنازہ اٹھانے کی نوبت آجاتی ہے۔ آج ہم اپنے کالم میں مزاج پرسی کے بارے میں کوئی لمبی چوڑی بات نہیں کرنا چاہتے بلکہ اس معاملہ میں مزاح نگار کے موقف اور رویے کو واضح کرنا

چاہتے ہیں۔ بحیثیت مزاح نگار ہمارا ذاتی خیال ہے کہ مزاح نگار دوسروں کی مزاج پرسی کرنے کا گُر بہت اچھی طرح جانتے ہیں (غالباً اس کی وجہ یہ ہے کہ مزاج اور مزاح میں ایک نقطہ کا ہی فرق ہوتا ہے)۔ یہ الگ بات ہے کہ اپنے معروضی نقطہ نظر اور گہری سنجیدگی کے باعث مزاح نگار خود اپنی مزاج پرسی کروانے کے معاملہ میں اناڑی پن کی حد تک حقیقت شناس ہوتے ہیں۔ آپ تو جانتے ہیں کہ بلی خالہ نے شیر کو پیڑ پر چڑھنے کا گر تو سکھا دیا تھا لیکن جب پیڑ سے اترنے کا گر سکھانے کی نوبت آئی تو بلی کو اچانک ایک چوہا نظر آگیا اور وہ شیر کو اترنے کا گر سکھانا بھول گئی۔ چنانچہ شیر آج تک پیڑ سے اتر نہیں سکتا اور مزاح نگار اپنی مزاج پرسی نہیں کرواسکتا۔ یہ بات ہم اپنے ذاتی تجربہ کی بنا پر کہہ رہے ہیں۔

اول تو مزاح نگاروں کی صحت بہت اچھی ہوتی ہے۔ ابھی سات برس پہلے تک ہمیں پتہ ہی نہیں تھا کہ علالت کس کو کہتے ہیں۔ یہ اور بات ہے کہ بعد میں خود ہم نے اپنے ہاتھوں سے اپنی ٹانگیں تڑوائیں۔ تب بھی کسی کو اپنی مزاج پرسی کرنے کا موقع عطا نہیں کیا۔ دوسری طرف ہم نے دکنی زبان کے مستند شاعر اور منفرد مزاح نگار حمایت اللہ کو (جواب ماشاء اللہ پچھتر برس کے ہوگئے ہیں اور ہمارے بزرگ کہلائے جانے کے مستحق ہیں)۔ جب بھی دیکھا چاق و چوبند ہی دیکھا۔ مخفی مباد کہ ان سے ہماری دوستی نصف صدی پرانی ہے۔ بخدا ہم نے انہیں کبھی چھینکتے ہوئے تک نہیں دیکھا مگر پچھلے دو مہینوں سے انہیں اچانک چلنے پھرنے میں تکلیف

رہنے لگی تو پہلی مرتبہ احساس ہوا کہ مینڈک کو بھی زکام ہو سکتا ہے۔ اب حمایت بھائی بھی ہماری ہی طرح ہو گئے ہیں، یعنی ان کی نقل و حرکت اب محدود ہو کر رہ گئی ہے۔ پہلے منزل کے لئے وہ دو گام بھی چلتے تھے تو منزل بالکل سامنے آجاتی تھی اب منزل دکھائی تو دیتی ہے لیکن وہاں تک جانے کی ہمت نہیں پڑتی۔ نتیجہ میں حمایت بھائی اب گھر سے باہر کم ہی نکلتے ہیں۔ نتیجہ میں ہم بھی اب کہیں نہیں نکلتے کیونکہ تین سال پہلے جب دہلی میں ہماری ٹانگوں کی تکلیف میں اضافہ ہونے لگا تو ہم نے محض یہ سوچ کر حیدرآباد منتقل ہونے کا فیصلہ کر لیا کہ حیدرآباد میں حمایت بھائی کی ٹانگیں جو موجود ہیں۔ یوں بھی ہم نے ساری زندگی دوستوں کے سہارے ہی گزاری ہے۔ کسی دوست کی آنکھوں سے دنیا کو دیکھتے ہیں، کسی اور دوست کے کان سے اپنی بات سنتے ہیں۔ دوستوں کے دل ہمارے سینہ میں دھڑک رہے ہوتے ہیں۔ یہاں تک کہ ہم بسا اوقات ان کے ذہنوں سے سوچتے بھی ہیں۔ حمایت بھائی کی ٹانگوں کی صورت میں جب ہماری ٹانگیں بالکل ہی بے روزگار ہو گئیں تو ایک دن دیکھا کہ حمایت بھائی اپنے ڈرائیور کی مدد سے چل کر ہمارے پاس آرہے ہیں۔ ہم نے پوچھا "جناب! ادھر کیسے آنا ہوا؟" بولے "اپنی مزاج پرسی کروانے آیا ہوں"۔ ہم نے کہا "اتفاق دیکھئے کہ آج میں خود آپ کی طرف اپنی مزاج پرسی کروانے کی خاطر آنے والا تھا۔ آپ نے پہل کیسے کر دی؟"۔ کہنے لگے "یہ سب وقت وقت کی بات ہے۔ آج تم کل ہماری باری ہے"۔ ان کے اس جواب نے ہمیں قائل کر دیا کہ سچا مزاح

نگار وہی ہوتا ہے جو دوسروں کے دکھ میں تو ضرور شامل ہو جاتا ہے لیکن کسی دوسرے کو اپنے دکھ میں شامل ہونے کا موقع عطا نہیں کرنا چاہتا۔

ہمیں اندازہ ہے کہ ایک مزاح نگار کی مزاج پرسی کرتے وقت اپنے چہرے پر وہ مصنوعی تشویش، رقت اور ترحم کے آثار پیدا ہی نہیں کر سکتا جو عموماً پیشہ ور عیادت کنندگان کسی مریض کے بستر علالت کے قریب پہنچ کر اچانک اپنے چہرے پر طاری کر لیتے ہیں۔ بعض کا انداز مزاج پرسی تو کچھ ایسا ہوتا ہے جیسے مریض کی آخری مرتبہ مزاج پرسی کر رہے ہوں۔ ہمارا خیال تو یہ ہے کہ اکثر مریض ڈاکٹروں کے غلط علاج یا اپنی صحیح بیماری کی وجہ سے نہیں مرتے بلکہ مزاج پرسی کرنے والوں کی مہلک مزاج پرسی کی وجہ سے گزر جاتے ہیں۔ ایسی صورت میں مزاح نگار حضرات اگر اپنے پاس مزاج پرسی کرنے والوں کو پھٹکنے نہیں دینا چاہتے بلکہ بہ نفس نفیس خود جا کر اپنی مزاج پرسی کروا لیتے ہیں تو نہایت نیک کام کرتے ہیں۔ بہر حال ادھر خود ہماری مصروفیت کا زیادہ عرصہ احباب کے پاس جا کر خود اپنی مزاج پرسی کروانے اور ان کی مزاج پرسی کرنے اور کبھی کبھار پرسہ دینے میں صرف ہونے لگا ہے۔ پچھلے دنوں ہم دلی گئے تو وہاں ایک عدد پُرسے کے علاوہ تین مزاج پرسیاں ہماری منتظر تھیں۔ وہاں سے حیدر آباد واپس آئے تو یہاں بھی کم و بیش اتنی ہی مزاج پرسیاں ہمارا انتظار کر رہی تھیں۔ غرض پرسیوں اور پُرسوں کے بیچ ہماری حالت قابل رحم ہوتی جا رہی ہے۔ ہمیں اس وقت ایک مشہور رہنما کی یاد آگئی جو بے حد

خوش اخلاق، بامروت اور فرض شناس تھے۔ شادیوں اور جنازوں میں شرکت کو ایک اہم اخلاقی فریضہ تصور کرتے تھے۔ ایک دن انہیں دس بارہ جنازوں اور آٹھ دس شادیوں میں شرکت کرنے کا مرحلہ درپیش آگیا۔ بیچارے ہڑبڑا گئے اور بے خیالی میں دولہا کو شادی کی مبارکباد دینے کی بجائے کہہ دیا "میاں جو ہونا تھا وہ ہو چکا۔ اب صبر کرو۔ مشیت ایزدی کے آگے کس کی چلی ہے۔ خدا تمہیں صبر جمیل عطا کرے۔ آمین ثم آمین"۔

***

۱۱

سچا مذاق، جھوٹی زندگی

بہت کم مزاح نگاروں کی زندگی میں عرفان کی وہ منزل آئی ہوگی جہاں انہیں اچانک یہ احساس ہوا ہوگا کہ کئی برس پہلے جس موضوع کا انہوں نے کبھی مذاق اڑایا تھا اب اس مذاق نے عملی زندگی میں نہ صرف حقیقت کا روپ اختیار کرلیا ہے بلکہ روزمرہ کا معمول تک بن گیا ہے۔ مذاق اگر سچا ہو تو اس کے ایسے ہی فائدے اور اگر خود زندگی جھوٹی ہو تو اس کے ایسے ہی نقصانات بالآخر نمودار ہو جاتے ہیں۔ پتہ ہی نہیں چلتا کہ خرد کب جنون کی سرحد میں داخل ہوئی اور کب جنون نے خرد کی سرحد کو پار کرلیا۔ ہماری زندگی میں اب جو عرفان کی یہ نئی منزل آئی ہے تو اس کا اصل سبب یہ ہے کہ لگ بھگ نصف صدی سے ہم مزاح نگاری کے دشت کی سیاحی کررہے ہیں اور ماضی میں لاتعداد موضوعات کا مذاق اڑا چکے ہیں۔

پچھلے دنوں ہفت روزہ "تہلکہ" اور "ہیڈ لائنس ٹوڈے" کے نیوز چینل کے دو رپورٹروں نے ایک اسٹنگ آپریشن کے ذریعہ کرناٹک کی کٹر ہندو وادی تنظیم

"سری رام سینا" کے دو نامی گرامی سربراہوں پرمود متھالک اور وسنت کمار بھوانی سے چھپے ہوئے کیمرے کے روبرو بات چیت کی تھی۔ اس بات چیت میں ان دونوں رپورٹوں نے دونوں نامی گرامی سربراہوں کے سامنے اپنی اس معصوم خواہش کا اظہار کیا کہ وہ فسادات کے ذریعہ بنگلور میں دہشت کی فضا پیدا کرنا چاہتے ہیں۔ ان فسادات کے انعقاد کے لئے جو بھی واجبی دام طے ہوں گے وہ انہیں ادا کر دیئے جائیں گے۔ پرمود متھالک نے اس معصوم خواہش کے احترام میں ازراہ عنایت وعدہ فرمایا کہ اگر انہیں ساٹھ لاکھ روپے کی رقم ادا کی جائے تو وہ نہ صرف بنگلور میں بلکہ منگلور میں بھی فسادات کو اعلی پیمانہ پر منعقد کرنے کا بندوبست فرما سکتے ہیں۔ دونوں رپورٹروں نے اپنے قلیل وسائل اور غربت کا حوالہ دیتے ہوئے بھاؤ تاؤ کے ذریعہ اس بھاری رقم میں تھوڑی سی کمی کرنے کی گزارش کی تو پرمود متھالک نے یہ وعدہ فرمایا کہ وقت آنے پر وہ اس پر ہمدردانہ غور کریں گے۔ انہوں نے یہ بات یوں کہی جیسے ایک تجربہ کار بیوپاری اپنے اناڑی گاہک سے عموماً کہتا ہے کہ میاں مال دیکھ کر دام ادا کرنا۔ ایسا فساد کرائیں گے کہ بس دیکھتے رہ جاؤ گے۔

معقول دام لے کر نہایت نامعقول فساد کروانے سے متعلق یہ خبر جس دن اخبارات میں شائع ہوئی اس دن صبح صبح ہمارے ایک دوست کا فون آیا "میاں! تمہاری زبان واقعی کالی ہے۔ جب بھی تمہاری زبان یا قلم سے کوئی بُری بات نکلتی ہے تو جلد یا بدیر بالکل صحیح ثابت ہو جاتی ہے۔ تم نے آج سے ٹھیک چالیس برس پہلے

ایک طنزیہ "سندباد جہازی کا سفر نامہ" کے عنوان سے لکھا تھا جس میں ایک لیڈر نے تیس ہزار روپے کے دام لے کر کسی شہر میں فساد کروایا تھا۔ اس وقت تمہارے خیالی خاکے کی دھوم مچ گئی تھی اور تمہارے اس طنزیہ کے ایک ایک فقرے پر لوگوں نے بے پناہ قہقہے لگائے تھے اور آج دیکھو کہ تمہارا یہ خیالی خاکہ حقیقت کا روپ اختیار کر کے لوگوں کو خون کے آنسو رلا رہا ہے۔

یہ بات بھی قابل تعریف ہے کہ چالیس برس پہلے اس زمانہ کی گرانی کے حساب سے سندباد جہازی نے لیڈر کو فساد کرانے کے دام تیس ہزار روپے ادا کئے تھے اور آج کے لیڈر اس کام کے ساٹھ لاکھ روپے مانگ رہے ہیں۔ یوں بھی آج کے زمانہ میں افراط زر کا یہ عالم ہو گیا ہے کہ چالیس برس پہلے کے تیس ہزار روپے آج کے ساٹھ لاکھ روپیوں سے زیادہ قیمتی معلوم ہوتے ہیں"۔

ہمارے دوست کے فون کے بعد جب ہم نے اخبار میں اسٹنگ آپریشن کی خبر تفصیل سے پڑھی تو خیال آیا کہ واقعی ہمارے چالیس برس پرانے طنز کا ایک ایک کردار، ایک ایک واقعہ اور ایک ایک جملہ واقعی ایک تلخ سچائی میں تبدیل ہو گیا ہے۔ لوگ کہتے ہیں کہ ہماری دور رس نگاہیں اور ہمارے اندیشہ ہائے دور دراز بہت پہلے سے ان قدموں کی آہٹ جان لیتے ہیں۔ ایسی باتوں کے جواب میں ہم کیا کہیں کیونکہ یہاں معاملہ من آنم کہ من دانم والا پیدا ہو گیا ہے۔ ہمیں یاد ہے کہ "سندباد جہازی کا سفر نامہ" والا طنزیہ ہم نے چالیس برس قبل سب سے پہلے مغل

پورہ کی ایک محفل میں سنایا تھا جس میں خواجہ احمد عباس بھی موجود تھے۔ خواجہ احمد عباس نے بھری محفل میں ہم سے بغلگیر ہو کر اس طنزیہ کی بے ساختہ داد کچھ اس طرح دی تھی کہ کچھ عرصہ بعد ہم نے یہی طنزیہ زندہ دلان حیدرآباد کی محفل میں بھی سنایا۔ یہ محفل گاندھی میڈیکل کالج کے آڈی ٹوریم میں کرشن چندر کی صدارت میں منعقد ہوئی تھی اور جس میں سینکڑوں سامعین موجود تھے۔ اس محفل کو لوگ آج بھی یاد کرتے ہیں۔

"سندباد جہازی کا سفر نامہ" کو جو مقبولیت حاصل ہوئی اس کے نتیجہ میں اس کا ترجمہ کئی زبانوں میں شائع ہوا۔ یہاں تک کہ ہندی میں ہماری ایک کتاب کا نام ہی "سندباد کا سفر نامہ" ہے۔ فسادات سے متعلق تحریروں کے جتنے بھی انتخابات شائع ہوئے ان میں اس طنزیہ کو ضرور شامل رکھا گیا۔ ہمیں اس بات کا قطعی اندیشہ نہیں تھا کہ ایک دن ملک کے بعض لیڈر ہمارے اس طنزیے سے "اکتساب علم" کریں گے اور اس کی مدد سے فسادات کی صنعت کو فروغ دینے کے علاوہ اسے "رہنمائے فسادات" کا مرتبہ بھی عطا کریں گے۔

بخدا اب تو ہمیں بھی اپنے مذاق سے وحشت ہونے لگی ہے کیونکہ لوگ ہماری باتوں کو سنجیدہ لے لیتے ہیں اور بعد میں سماج سے اس کی قیمت وصول کرتے ہیں۔ آپ میں سے بہت سوں کو یاد ہوگا کہ ایک زمانہ میں ہم نے ملاوٹ کے خلاف بے شمار کالم لکھے اور انہیں لکھنے کے دوران میں ملاوٹ کے نئے نئے نمونے اور مثالیں

بھی اختراع کرتے چلے گئے۔ ہم نے یونہی مذاق مذاق میں ایک بار لکھ دیا کہ اگر چائے کی پتی میں گھوڑے کی لید کی ملاوٹ کی جائے تو اس سے نہ صرف چائے کا ذائقہ بہتر ہو جائے گا بلکہ چائے پینے والے کی صحت بھی بہتر ہو سکتی ہے۔ ایک سمجھدار تاجر نے اس پر سچ مچ عمل کیا جس کی وجہ سے اس کی چائے کی پتی کی مقبولیت میں دن دونی اور رات چوگنی اضافہ ہو گیا۔ یہ ضرور ہے کہ اس مخصوص چائے کو پینے والے کی طاقت میں کئی "ہارس پاور" (Horse power) کا اضافہ بھی ہو جاتا تھا۔ یہ الگ بات ہے کہ ایسی چائے کا عادی فرد بسا اوقات چائے پینے کے بعد ہنہنانے بھی لگ جاتا تھا بلکہ دولتی جھاڑنا بھی اس کا محبوب مشغلہ بن جاتا تھا۔

ایک زمانہ میں گوالے دودھ میں ندیوں، نالوں اور باؤلیوں کا گندہ پانی علی الاعلان ملایا کرتے تھے بلکہ شاید آج بھی ملایا کرتے ہوں۔ اس کا ثبوت یہ ہے کہ ایک بار ہم نے دودھ کو چھلنی میں چھاننے کا تجربہ کیا تو ہمیں چھلنی کی تہہ میں مینڈک کا ایک چھوٹا سا بچہ (جسے فصیح اردو میں غوکچہ بھی کہتے ہیں) نکل آیا۔

اس واقعہ کے بعد ہم نے ملاوٹ کرنے والوں کو راہ راست پر لانے اور انہیں اخلاقیات کا درس دینے کی غرض سے یہ ناچیز مشورہ بھی دیا کہ ملاوٹ کرتے وقت اس شئے کی مشابہت اور مماثلت کے علاوہ اس بات کا بھی خیال رکھیں کہ ملائی جانے والی شئے کم از کم خالص ہو۔ گوالوں کو واضح لفظوں میں تلقین بھی کی کہ وہ دودھ میں کم از کم منرل واٹر (Mineral water) ملایا کریں تاکہ دودھ استعمال

کرنے والوں کی صحت پر مضر اثرات نہ ہونے پائیں۔ ایک گوالے نے اس پر سچ مچ عمل کیا اور اس کے دودھ کی مقبولیت میں چار چاند لگ گئے۔ گیہوں اور چاول کی بھوسی، لکڑی کے برادے، چنے کی دال کے چھلکوں، لال مٹی کے سفوف وغیرہ کی بھرپور افادیت سے بھی ہم نے تاجروں کو کماحقہ آگاہ کیا۔ ہر تاجر نے اپنے ظرف، حوصلے اور اپنی بساط کے مطابق ملاوٹ کے نئے نئے گر تلاش کئے اور لاکھوں میں کھیلنے لگے اور یوں مالا مال ہو گئے۔ اگرچہ ہم کنگال کے کنگال رہے لیکن بیچارے غریب تاجروں کی چاندی ہو گئی۔ شاہد صدیقی کا ایک شعر یاد آ گیا۔۔۔

پرستش ان کی ہوتی ہے جو بت میں نے تراشے ہیں
مگر مجھ کو کمال بت گری سے کچھ نہیں ملتا

یوں بھی ہم قلندر صفت انسان ہیں اور مایا کے موہ سے ہمیشہ دور رہتے ہیں۔ یہ الگ بات ہے کہ کئی رائج الوقت انسانوں کے مقابلہ میں ہم زیادہ خالص انسان ہیں۔ خوب یاد آیا، ایک بار گرمی کے موسم میں پیاس بجھانے کے لئے "گنے کا رس" بیچنے والے ایک ٹھیلے پر گئے تو دیکھا کہ گنے کا رس بیچنے والا گنوں کو مشین میں ڈال کر رس نکال لیتا ہے اور گنے کے چھلکے اور گودے کو لاپرواہی سے پھینکتا چلا جاتا ہے۔

ہم نے اس سے کہا "نادان! یہ کیا کرتا ہے کہ گنے کے اس قیمتی خام مال کو یونہی ضائع کر دیتا ہے۔ اسے گاؤ تکیے بنانے والے کسی کاریگر کے ہاتھ بیچ دے تاکہ وہ بھی خام روئی میں اس خام مال کو ملا کر اچھے اچھے گاؤ تکیے بنا سکے"۔ چند دن بعد ہم پھر اپنی

پیاس بجھانے کے لئے اس کے ٹھیلے پر گئے تو ٹھیلے والے نے کہا:

"حضور! اس بار آپ صرف گنے کا رس پئیں گے اور کوئی مشورہ نہیں دیں گے۔ پچھلی بار آپ کے مشورے پر عمل کرتے ہوئے گنے کے خام مال کو میں نے گاؤ تکیہ بنانے والے ایک کاریگر کو بیچا تھا۔ ایک ہفتہ بعد وہ گالیاں دیتا ہوا میرے پاس چلا آیا کہ جو کوئی بھی گاؤ تکیہ سے ٹیک لگا کر بیٹھتا ہے اسے لال چیونٹیاں کاٹنے لگتی ہیں"۔

ہم نے کہا" میاں! ہمارے مشورے پر عمل کرنے کیلئے صحیح اور مناسب وقت تک انتظار کرنا ضروری ہوتا ہے۔ جب تک گنے کے چھلکے اور گودے میں سے مٹھاس کا عنصر غائب نہ ہو جائے اسے بیچنے میں جلد بازی کرنے کی کیا ضرورت تھی۔ مٹھاس ہو گی تو چیونٹیاں تو آئیں گی ہی۔ ملاوٹ کے بھی کچھ اصول ہوتے ہیں۔ صرف ہمارے مشورے کی بنا پر ان اصولوں کو توڑا بھی نہیں جا سکتا"۔

مانا کہ ہم مشورہ صحیح دیتے ہیں لیکن اسے وقت کی کسوٹی پر پرکھنا بھی عمل کرنے والے کے لئے لازم ہوتا ہے۔ یہی دیکھئے کہ ہم نے چالیس برس پہلے فسادات کے انعقاد کا ایک خیالی خاکہ پیش کیا تھا۔ لیڈروں نے اس مشورہ پر پورے چالیس برسوں تک غور کرنے کے بعد اب اسے عملی جامہ پہنانے کی سبیل نکالی ہے۔

بہر حال ہم ایسے ہی بے لوث اور مخلصانہ مشورے لوگوں کو دیتے رہتے ہیں۔ بظاہر یہ مشورے مزاحیہ نظر آتے ہیں لیکن ان کے پس منظر میں ایک گہری

سنجیدگی بھی پوشیدہ ہوتی ہے۔

یادش بخیر! حیدرآباد میں ہمارے ایک پرانے دوست رہتے ہیں۔ دس بارہ برس پہلے انہوں نے ہم سے مشورہ کئے بغیر ایک "شادی خانہ" کھول لیا۔ اگرچہ شادی خانہ کا محل وقوع بہت اچھا تھا اور اس میں گنجائش بھی اچھی خاصی تھی لیکن اس کے احاطہ میں گاڑیوں کی پارکنگ کی گنجائش ذرا ناکافی تھی۔ مصروف علاقہ ہونے کی وجہ سے گاڑیوں کو سڑک پر ٹھہرانے کی کوئی صورت بھی نہیں تھی لہذا اکثر لوگ اس شادی خانہ کو پسند نہیں فرماتے تھے۔ ایک دن ہمارے دوست نے ہم سے مشورہ کیا تو ہم نے کہا "یار! تمہارے شادی خانہ میں نقص صرف اتنا سا ہے کہ اس میں باراتی تو اچھے خاصے سما سکتے ہیں لیکن اس کے احاطہ میں گاڑیوں کی پارکنگ کی گنجائش ذرا کم ہوتی ہے۔ یہ زمانہ تخصیص یعنی (Specialisation) کا ہے۔

اگر تم اپنے شادی خانہ کو "عقد ثانی کا خصوصی شادی خانہ" قرار دے دو تو یہ ضرور چل نکلے گا کیونکہ "عقد ثانی" میں باراتی بھی کم آتے ہیں اور گاڑیاں بھی کم آتی ہیں۔ کسی کو کوئی تکلیف پیش نہیں آئے گی۔ نہ باراتیوں کو اور نہ ہی گاڑیوں کو۔ کیونکہ عقد ثانی کا معاملہ بھی اس کامیاب فلم کا سا ہوتا ہے جسے بالآخر "مارننگ شو" میں دکھانے کی نوبت آجاتی ہے۔

ہمارے اس یار طرحدار نے ہمارے اس مزاحیہ مشورہ پر نہایت سنجیدگی سے غور کیا اور کچھ دن بعد اخبار میں اپنے شادی خانہ کو صرف "عقد ثانی کا خصوصی

شادی خانہ" قرار دے دیا بلکہ اپنے شادی خانہ کے بارے میں پیشین گوئی بھی کر دی کہ جس خوش نصیب کا یہاں عقد ثانی ہو گا وہ انشاء اللہ اتنی خوشحال زندگی گزارے گا کہ اس کی زندگی میں کبھی "عقد ثالث" اور "عقد چہارم" کی نوبت ہی نہیں آئے گی۔ خدا کے فضل سے ان کا یہ "خصوصی شادی خانہ" بڑی خوش اسلوبی کے ساتھ چل پڑا۔ اب بتایئے اگر ہمارے عملی مذاق کے خوشگوار، کارآمد اور مفید نتائج برآمد ہوتے ہیں تو اس میں ہمارا یا ہماری مزاح نگاری کا کیا قصور ہے۔

***

کچھ مزید دلچسپ ویادگار مزاحیہ کالم

قلم کی نوک سے

مصنف: مجتبیٰ حسین

بین الاقوامی ایڈیشن منظر عام پر آچکا ہے